Swedish-English
Law Dictionary

Svensk-engelsk
juridikordbok

THOMAS L. WEST III, J.D.

Author of *Spanish-English Dictionary of Law and Business*

and *Trilingual Swiss Law Dictionary*

NOTE: The content of this book should not be relied upon for legal or accounting advice. If you require legal advice or other professional assistance, you should engage a competent professional. Suggestions and corrections can be sent to dictionary@intermarkls.com.

Other resources from Intermark Language Publications:
Spanish-English Dictionary of Law and Business (2012)
Trilingual Swiss Law Dictionary (2017)

Intermark Language Publications
Chattanooga, TN USA.
www.intermarkls.com
Copyright © 2019 Thomas L. West III
All rights reserved.
ISBN: 1-929570-05-8
ISBN-13: 978-1-929570-05-8

INTRODUCTION

One might wonder why I would compile and publish a new Swedish-English Law Dictionary at a time when the Swedish Judiciary has posted a free glossary of legal terms online (www.domstol.se/ordlista), and when IATE, the European Union's free online terminology database (iate.europa.eu), has just been given a facelift and free online translation keeps getting better and better. The reason for my folly—if it is indeed a folly—is my own experience with translating legal documents from Swedish to English over the past 25 years. Although there are more dictionaries of Swedish into English than there are for other languages with many more native speakers, the fact remains that all of them, to my knowledge, are mere "word lists" (reflecting the Swedish name, *ordlista*), without any explanations of meaning or usage. It seems to me that translators depend on their dictionaries to help them select the best meaning of a term into English. A good example of this is the Swedish *servitut*, which even resembles the English legal term "servitude" and thus suggests that it means "easement." In fact, however, the Swedish term *servitut* covers both the concept of "easement" and the concept of "restrictive covenant" in Anglo-American law. Even a translator versed in the law can be confused by a glossary (*ordlista*) that gives only the obvious equivalent (servitude, i.e., easement) with indicating the other possible meaning (negative covenant). Moreover, as of early 2019, Google Translate sometimes translates *servitut* as "waiter," thus apparently confusing the legal term with the similar Swedish word *servitör*.

Another factor that convinced me that there is still a need for a new dictionary is that laws are constantly being amended, and terminology often changes with them. A good example is the Swedish Code of Judicial Procedure, which was amended in 1994, replacing terms such as *förklarande* with *motpart*. These nuances are noted in this dictionary. So are the differences between the terminology in the jurisdiction of England & Wales and the terms used in the United States legal system. Although the spelling differences are well known, the differences in legal terminology are less obvious and can lead to confusion; some of these are quite subtle (such as "beyond a reasonable doubt" in the USA and "beyond reasonable doubt" in the UK); "court of appeals" in the USA and "court of appeal" in the UK; .

Finally, I have read many online English summaries of the papers written in Swedish at various law schools in Sweden and concluded that there are still many terms that Swedish law students find difficult to translate, and I hope that this dictionary will be useful to them as well.

Thomas West
April 2019

aberratio ictus accidental harm to someone (perpetrator aims a gun at person A but hits person B by mistake)

absolut åtalsplikt mandatory prosecution (In Sweden, except as otherwise provided, prosecutors must prosecute offenses that fall in the domain of public prosecution, as opposed to the system of discretionary prosecution, as in the USA) (RB 20 kap 6 §)

accept (1) acceptance (of an offer to form a contract– in both Swedish and American law, the acceptance must be unconditional and mirror the offer exactly *'ren accept'*; otherwise, the acceptance *'oren accept'* is considered a counteroffer and does not result in formation of a contract) (AvtL 6 kap 1 §)

accept (2) acceptance (of a bill of exchange) (process by which a buyer (called a drawee *'trassat'*) accepts the seller's bill of exchange by signing under the words 'accepted' on face of the bill)

acceptant acceptor

acceptera to accept

acceptfrist deadline for acceptance

accessorisk ancillary

accisbelagda varor goods subject to excise tax

ackommodationsväxel accommodation draft

ackord composition with creditors (an agreement between a debtor and a creditor to settle the debt for less than the total amount)

ackumulerad inkomst accrued income

ackusatorisk process adversarial procedure (as opposed to inquisitorial procedure)

acquis communautaire acquis, acquis communautaire (accumulated body of EU law and obligations from 1958 to the present day—the French term is used in

English and Swedish)

adekvans proximate cause

adekvat kausalitet proximate
cause

adhesionskontrakt adhesion
contract (a standard-form
contract imposed by the
party with more bargaining
power)

adjungerad ledamot coopted
member

administrativ fiskal junior
administrative judge

administrativ jurist
administrative lawyer

**administrativt
frihetsberövande**
administrative detention

adoptant adoptive parent

adoption adoption (FB 4 kap)

adoptivbarn adopted child

adoptivföräldrar adoptive
parents

adressdel address section (one
of the five sections of the
Real Property Register
'*Fastighetsregistret*')

advokat lawyer, attorney

advokatarvode attorney's fees

advokatbyrå law firm, law
office

advokatfirman the law firm (of
XYZ)

advokatsamfund, Sveriges
Swedish Bar Association

advokatstånd legal profession

advokatyrke the practice of law

affektionsvärde sentimental
value

affliktiva straff corporal
punishment

affärsbank commercial bank

affärsdrivande of a commercial
nature

affärsenhet business unit

affärsidé business concept,
mission statement

affärsjurist corporate lawyer

affärslokaler business premises

affärsmässighet business
integrity

affärsområde division (of a
company)

affärssed business practice

affärstid business hours

affärstvister business disputes

aga corporal punishment

agentur agency

6

ajournera to adjourn, to
postpone

ajournering adjournment,
postponement

akt (1) [*handlingar i
mål/ärende*] file

akt (2) [*urkund*] document,
record

aktbeteckning file designation

aktbilaga file appendix

aktbildning filing

aktiebok stock ledger (USA),
share register (UK)

aktiebolag corporation (USA),
limited company (UK)

aktiebolags bildande
formation of a company,
company formation

**Aktiebolagslagen (ABL)
(2005:551)** Swedish Stock
Corporation Act (US
English), Swedish
Companies Act (UK
English)

aktiebolagsregister register of
corporations

aktiebolagsrätt corporate law

aktiebrev stock certificate

aktieemission share issue

aktiekapital capital stock
(USA), share capital (UK)

aktieomsättning volume of
trading (on the stock
exchange)

aktiepost block of shares

aktier shares (USA & UK),
shares of stock (USA)

aktierelaterade ersättningar
share-based payments

**aktierelaterade
incitamentsprogram** share-
based incentive plan

aktieslag class of shares

aktieteckning share
subscription (ABL 2 kap
12 §)

aktieutdelning dividend

aktieåterköp share buyback,
share repurchase

aktieägare shareholder (USA &
UK), stockholder (UK)

aktieägaretillskott shareholder
contribution (USA & UK),
stockholder contribution
(USA)

aktiv legitimation plaintiff's
standing (USA), locus standi
(UK)

7

aktsamhet care

aktuella fallet (det) the case at
hand, the instant case

allemansrätt right of public
access (to private land)

allmän advokatbyrå legal aid
office

allmän del i fastighetsregistret
general section (one of the
five sections of the Real
Property Register
'*Fastighetsregistret*')

allmän domstol court of
general jurisdiction (as
opposed to a court of limited
jurisdiction '*specialdomstol*')

allmän egendom public
property

allmän förargelse disturbing
the peace

allmän försäkringskassa local
social insurance office

allmän förvaltningsdomstol
administrative court of
general jurisdiction

allmän handling official
document

allmän laglydnad general
obedience to the law

allmän ordning law and order

allmän plats public space

allmän rättslära legal theory

allmän säkerhet public safety

allmän underrätt lower court of
general jurisdiction (RB 1
kap 1 §)

allmän väg public road

allmän åklagare public
prosecutor

allmänfarlig dangerous to the
public, endangering the
public

allmänfarlig vårdslöshet public
endangerment (BrB 13 kap
6 §)

allmänfarlig ödeläggelse
causing destruction by
explosion (BrB 13 kap 3 §)

allmänfarligt brott public
danger offense (USA) /
offence (UK)

allmängiltig universal

allmänheten the public, the
general public

**Allmänhetens
pressombudsman (PO)**
Office of the Press
Ombudsman

8

Allmänna Arvsfonden National Inheritance Fund

allmänna bestämmelser (AB) general terms and conditions

allmänna domstolar courts of general jurisdiction (as opposed to courts of limited jurisdiction '*specialdomstolar*')

allmänna medel public funds

Allmänna reklamations-nämnden (ARN) National Board for Consumer Complaints

allmänna råd guidelines

allmänna val general elections

allmänna villkor general terms and conditions

allmänna åtalsbrott crimes that must be prosecuted by the public prosecutor (most crimes in Swedish law fall into this category, and the distinction between these crimes and ones that can only be prosecuted by the victim or at the victim's request is not made in English or American law)

allmänna, det the community

allmänning common, common land

allmänprevention general prevention

allmänt åtal public prosecution

alternativ kostnad opportunity cost

alternativ tvistlösning alternative dispute resolution (ADR) (three main types are conciliation, mediation and arbitration)

amnesti general pardon (of a group of offenders)

amortera to amortize

amortering amortization

amorteringsfritt lån interest-only loan, bullet loan

amorteringsplan repayment plan

anbud (1) offer (to form a contract – the parties are the offeror '*anbudsgivare*' and the offeree '*anbudstagare*')

anbud (2) bid (USA), tender (UK)

anbud och accept offer and acceptance

anbudsbegäran request for

proposals (RFP), invitation for bids, request for bids (the term tender is used instead of bid in the UK)

anbudsformulär bid form (USA), tender form (UK)

anbudsförfarande bidding procedure (USA), tendering procedure (UK)

anbudsförfrågan request for proposals (RFP), invitation for bids, request for bids (the term tender is used instead of bid in the UK)

anbudsgaranti bid bond (USA), tender guarantee (UK)

anbudsgivare (1) [*avtal*] offeror

anbudsgivare (2) [*anbudstävlan*] bidder (USA), tenderer (UK)

anbudshandling bid document

anbudstagare offeree

anbudstävlan competitive bidding process (USA), competitive tendering (UK)

anbudsöppning opening of bids (USA), bid opening (USA), opening of tenders

(UK)

andel part, portion, share

andra instans court of appeals

andrahandskontrakt sublease

andrahandspantsättning second mortgage (subordinate to a more senior mortgage or loan)

andrahandsuthyrning subletting

andrahandsyrkande alternative claim, claim in the alternative

anfall assault, attack

anfäktbar voidable

anföra (1) [*citera*] to cite, to quote

anföra (2) [*påstå, yttra*] to allege, to state

anföra besvär to appeal, to file a limited appeal

anföra ett fall som prejudikat to cite a case as a precedent

ange ett brott för åtal to report a crime for prosecution (RB 20 kap 5 §)

angelägenhet (1) [*av betydelse*] importance, urgency

angelägenhet (2) [*sak*] concern, matter, issue

angivare accuser, informer (person reporting a crime)

angivelse report (of a crime to the police or prosecutor)

angivelsebrott crime that can only be prosecuted at the victim's request

angrepp aggression, attack

angripa to attack

angripa ett vittnes trovärdighet to impeach a witness

angripare assailant, attacker

angripbar [*ogiltighetstalan*] voidable

anhålla (1) [*arrestera*] to detain

anhålla (2) [*begära*] to apply for, to request

anhållan [*begäran*] application, request

anhållande detention (RB 24 kap 6 §) (a person may be detained '*anhållen*' for up to four days pending the court's examination of the issue of remand in custody)

anhållningsbeslut detention order

anhängig pending

anhängiggjort förfarande pending proceeding

anhängiggöra to commence, to initiate, to institute

anhängiggöra ett brottmål to commence a prosecution

anhängiggöra ett tvistemål to file a lawsuit, to commence an action

anhängiggöra rättegång mot to institute judicial proceedings against, to commence legal proceedings against

anhängiggörande av talan commencement of action

anhörig relative, next of kin

anhörigersättning pain and suffering damages awarded to the relatives of a person who was killed

anklaga för ett brott to charge with a crime

anklagelse charge

anläggning facility

anläggningstillgångar noncurrent assets

11

anläggningstillstånd building permit

anmäla (1) [*angiva*] to inform, to notify

anmäla (2) [*anklaga*] to accuse, to charge

anmäla (3) [*rapportera*] to report

anmäla ett brott to report a crime

anmäla missnöje to give formal notice of intention to appeal

anmäla sig till to report to

anmälan (1) [*angivelse*] information, notice, notification

anmälan (2) [*anklagelse*] accusation, charge

anmälan (3) [*rapport*] report

anmälningsblankett charge sheet

anmälningsplikt duty to report

anmälningsskyldighet duty to report to a specified police authority at specified times

anmärkning mot bevakning i konkurs objection to a proof of claim in bankruptcy

anmärkningsskrift notice of objection to a proof of claim

annullering av äktenskap marriage annulment (abolished in Swedish law since 1974)

anskaffning acquisition, procurement

anslag (1) grant

anslag (2) notice

anslagskredit additional funding

anslagsökning increased funding

anslutning till fördrag accession to a treaty

anslutning till konvention accession to a convention

anslutningsöverklaga to cross-appeal

anslutningsöverklagande cross-appeal

anslå (1) to appropriate, to grant

anslå (2) to post (a notice)

anspråk claim, demand

anstalt (1) [*institution*] establishment, institution

anstalt (2) [*åtgärd*] arrangement, measure

12

anstalts- institutional

anstaltsbehandling
institutional care, care in an
institution

anstaltsvård institutional care

anstifta to instigate

anstiftan instigation of a crime

anstiftare instigator, accessory
before the fact

anstånd extension of time, grace
period

anställa vittnesförhör to
examine a witness

anställning employment

anställningsavtal [*tjänsteavtal*]
employment agreement

anställningsskydd job security,
employment security

anständig decent

anständighet decency

ansvar liability, responsibility

ansvar för en avlidens skulder
liability for a decedent's debts
(USA), liability for a
deceased's debts (E&W)

ansvar för miljöskador
environmental liability

ansvar i obligatoriska
förhållanden liability in

contract

ansvar i utomobligatoriska
förhållanden liability in
tort, tort liability (USA),
tortious liability (E&W)

ansvar utanför
avtalsförhållanden liability
in tort, tort liability (USA),
tortious liability (E&W)

ansvara (1) to be liable, to be
responsible

ansvara (2) [*gå i borgen*] to
guarantee

ansvarig liable, responsible

ansvarsbegränsning limitation
of liability, disclaimer

ansvarsfrihet discharge, release
from liability

ansvarsfrihetsgrund
justification (a legally valid
reason that releases a person
from liability from
intentional acts that would
otherwise have been
unlawful, e.g. self-defense
'*nödvärn*' may be a
justification for killing)

ansvarsfriskrivning disclaimer
(of liability)

13

ansvarsförbindelse contingent liability

ansvarsförsäkring liability insurance

ansvarsgenombrott piercing the corporate veil (holding the shareholders liable for debts of the corporation even though shareholders' liability is usually limited to the amount of their contributions)

ansvarsgrundande giving rise to liability

ansvarsskyldighet liability, accountability

ansvarstalan charge of criminal liability

ansöka om konkurs to file for bankruptcy

ansökan application, petition

ansökan om konkurs petition for bankruptcy

ansökan om stämning (1) [*i tvistemål*] summons application, application for a summons

ansökan om stämning (2) [*i brottmål*] charging document, indictment (in a criminal case)

ansökan om verkställbarhetsförklaring application for a declaration of enforceability (of a foreign judgment)

ansökningsblankett application form

ansökningsdag application date

anta en lag to enact a law

anta en ny bolagsordning to adopt new articles of incorporation

anta ett anbud to accept an offer

anta ett lagförslag to pass a bill

antaga (1) [*förutsätta*] to assume, to presume

antaga (2) [*godkänna*] to approve

antaga en lag to enact a law

antagande (1) [*förutsättning*] assumption, presumption

antagande (2) [*godkännande*] approval

antagande svar acceptance (of an offer)

antagbar acceptable

antaglig (1) [*förmodad*]
presumptive

antaglig (2) [*sannolik*]
probable

antecedentia antecedents

anteciperad avtalsbrott
anticipatory breach of
contract (if one party to a
contract indicates, either
through words or actions,
that it will not perform its
contractual obligations, the
other party can immediately
claim a breach of contract
and seek remedies such as
payment) (KöpL 62 §)

anteckna i protokoll to enter
on the record, to record

anteckning i protokoll entry

antedatera to backdate

anvisning instruction,
regulation

appellationsdomstol appellate
court

apportbildning formation of a
company by contributions in
kind

apportegendom contribution in
kind, in-kind contribution

apportemission noncash issue,
issue for contributions in
kind (as opposed to an issue
for cash '*kontantemission*')

apporttillskott noncash issue,
issue for contributions in
kind (as opposed to an issue
for cash '*kontantemission*')

arbetsavtal employment
agreement

arbetsbetyg job reference,
reference from one's
employer

Arbetsdomstolen (AD)
Swedish Labor Court

arbetsdrift industrial
employment

arbetsför able to work, fit for
work

Arbetsförmedlingen Swedish
Public Employment Service

arbetsförmåga ability to work

arbetsförtjänst earnings, salary,
wages

arbetsgivaranmälan employer's
notification

arbetsgivaravgift employer's
contribution

arbetsgivare employer

arbetsgivarinträde direct
payment of sickness benefits
by employer

arbetsinställelse work
stoppage, shutdown

arbetskonflikt labor dispute

arbetskraft labor force,
manpower

arbetskrav job requirements

arbetslag team, crew, work crew

arbetslös unemployed

arbetslöshet unemployment

arbetslöshetsersättning
unemployment benefit

arbetslöshetsförsäkring
unemployment insurance

arbetslöshetskassa
unemployment benefit fund

arbetslöshetsunderstöd
unemployment assistance

arbetsmarknad labor market

arbetsmiljöbrott breach of
occupational safety standards
(BrB 3 kap 10 §)

Arbetsmiljöverket Swedish
Work Environment
Authority

arbetsoförmåga disability

arbetsoförmögen disabled

arbetsolycksfall occupational
accident (USA); industrial
accident (E&W)

arbetsordning regulations

arbetsplats place of
employment

arbetsrätt labor law

arbetsskada occupational
injury, on-the-job injury

arbetstagare employee

arbetstagare i allmän tjänst
public-sector employee

arbetstagare i enskild tjänst
private-sector employee

arbetstagarledamot i
bolagsstyrelsen employee
representative on the board
of directors

arbetstagaruppfinning
employee invention

arbetstid working hours

arbetstillstånd work permit

arbetstvist labor dispute

arbetsvård vocational
rehabilitation

arbetsvägran refusal to work

arbitrage arbitrage

argt uppsåt malicious intent

arrendator [*arrendetagare*]

16

tenant, lessee

arrende lease (The Real Property Code '*Jordabalken*' provides for four types of leases: agricultural lease '*jordbruksarrende*', residential lease '*bostadsarrende*', facility lease '*anläggningsarrende*' and apartment lease '*lägenhetsarrende*')

arrendeavgift rent

arrendeavtal lease, lease agreement

arrendebelopp rent

arrendeinkomst rental income

arrendenämnd regional tenancies tribunal

arrendera to lease, to rent

arrendera ut to lease, to lease out

arrendetagare [*arrendator*] tenant, lessee

arrest military confinement

arrestera to arrest

arrestering arrest

arv (1) [*enligt lag*] inheritance

arv (2) [*enligt testamente*] bequest, legacy

arvegods inheritance

arvföljd (1) succession

arvföljd (2) [*enligt lag*] intestate succession

arvinge (1) heir

arvinge (2) [*enligt lag*] heir at law

arvlåtare decedent

arvlös disinherited

arvode till revisorn audit fee

arvs- och gåvoskatt inheritance and gift tax (abolished in Sweden in 2005)

arvsavstående renunciation of an inheritance

arvsavsägelse waiver of one's right to inherit

arvsberättigad entitled to inheritance

arvskifte distribution of an estate (ÄB 23 kap)

arvslott inheritance share

arvsrätt (1) inheritance right

arvsrätt (2) [*rättsområde*] law of inheritance

arvsskatt inheritance tax (abolished in Sweden in 2005)

arvtagare för återstoden residuary heir, residuary

beneficiary

ask i ask-ägande pyramid ownership

assessor deputy judge

associerad associate

asylrätt right of asylum

attest certificate

attestera to certify

audietur et altera pars the adversarial principle (principle that both sides of the case must be heard; also called '*den kontradiktoriska principen*')

auktionsförrättare auctioneer

auktoriserad revisor certified public accountant

av ringa betydelse immaterial, de minimis

aval [*checkborgen*] guarantee

avbeställa to cancel

avbeställning cancellation

avbetala to pay in installments (USA), to pay in instalments (UK)

avbetalning installment (USA), instalment (UK)

avbetalningsgods installment goods

avbetalningskontrakt installment contract

avbetalningsköp installment purchase

avbrott [*i förhandling*] recess

avbrottsförsäkring lost profits insurance

avdelning (1) [*domstols*] division (of a court)

avdelning (2) [*i lag*] part (of a statute)

avdrag [*minskning*] deduction

avdraga [*minska*] to deduct

avdragsgill tax deductible

avdragsgillt belopp allowable deduction

avfatta to draft

avflyttning vacating the premises

avgift (1) charge

avgift (2) [*arvode*] fee

avgift (3) [*försäkrings-*] contribution

avgift (4) [*skatt, tull*] duty

avgiftsfri free of charge

avgångsbidrag severance pay

avgångsvederlag severance pay

avgäld ground rent

avgöra to decide, to determine, to adjudicate

avgörande decision, determination, adjudication

avhjälpa ett avtalsbrott to cure a breach (of contract)

avhjälpa ett fel to cure a defect

avhjälpande av felet cure of a defect (in goods)

avhysa to evict

avhysning eviction

avhålla [*från brott*] to deter

avhända [*besittningsrätt*] to dispossess

avhändande [*av besittningsrätt*] dispossession

avisoväxel draft payable at a fixed date after sight

avistakurs spot rate

avistaväxel sight draft

avkastning return, yield

avkastning på arbetande kapital return on capital employed (ROCE)

avkastning på eget kapital return on equity

avkastningskrav required return

avkastningskurva yield curve

avkastningsvärde net present value (NPV)

avkomling descendant, offspring

avkriminalisera to decriminalize

avkunna dom to hand down a judgment, to deliver a judgment, to pronounce a judgment

avkunna ett utslag to return a verdict, to bring in a verdict

avkunnande av dom delivery of judgment, pronouncement of judgment (on the date of trial '*huvudförhandling*', cf. '*meddelande av dom*' where the judgment is issued in writing within two weeks of trial)

avliden the decedent (USA), the deceased (UK)

avlägga ed to take an oath (RB 36 kap 13-15 §)

avlämnande delivery

avregistrera ett bolag från börs to delist a company

avreglera to deregulate

avräkna [*minska*] to deduct

19

avräkning (1) [*minskning*]
deduction

avräkning (2) settlement

avräkning av häktningstid
credit for time served (prior
to sentencing)

avräkningsavtal offset
agreement

avräkningscentral clearing
house

avräkningsdag settlement date

avräkningskonto clearing
account

avsikt intent, intention, purpose

avsiktlig deliberate, intentional

avsiktsförklaring letter of
intent (LOI)

avsiktsurkund evidentiary
document

avskaffa to abolish

avskaffande abolition

avsked dismissal

avskeda to dismiss (an
employee may be summarily
dismissed when he has
grossly neglected his
obligations to the employer)

avskedande dismissal

avskrift copy

avskrifts riktighet bekräftas
this is certified to be a true
copy

avskriva (1) [*mål, talan,
ärende*] to dismiss (without
reaching the merits)

avskriva (2) [*i räkenskaper*] to
write off

avskrivning (1) dismissal
(without reaching the
merits—as opposed to
'avvisning')

avskrivning (2) write-off

**avskrivningar av materiella
och immateriella tillgångar**
depreciation and
amortization (tangible assets
are said to be 'depreciated' in
English, while intangible
assets are said to be
'amortized')

avskräcka to deter

avskräckning deterrence

avslag refusal, rejection

avsluta [*konto*] to close

avslå en ansökan to reject an
application

avslå ett förslag to refuse to
consider a proposal

avslöja to disclose, to reveal

avstyckad fastighet subdivided property unit

avstyckning subdivision of property

avstå från to waive, to renounce

avstå från att rösta to abstain from voting

avstå från en rätt to waive a right

avstå från ett arv to renounce an inheritance

avstående waiver

avstämningsdag record date (for determining which shareholders are entitled to vote or receive dividends '*utdelning*')

avsägelse resignation

avsätta to dismiss

avsättning dismissal

avsättningar provisions

avsättningar för pensioner provisions for pensions

avsättningar för skatter provisions for taxes

avtal agreement, contract

avtala bort to contract out of, to exclude via contract

avtals ingående entry into a contract, execution of a contract, formation of a contract

avtalsbrott [*kontraktsbrott*] breach of contract

avtalsenlig contractual

avtalsenligt ansvar contractual liability

avtalsfrihet freedom of contract

avtalsföremål subject of the agreement, subject matter of the agreement

avtalsinnehåll content of an agreement

avtalskopia counterpart (of a contract)

avtalsobjekt subject of the agreement, subject matter of the agreement

avtalspart party to a contract, contractual partner

avtalsstatut proper law of the contract (the law that governs a contract under the rules of private international law)

avtalsstridig in breach of contract

avtalstid term of the contract

avtalstolkning interpretation of a contract

avtalsutformning contract formation

avtalsvillkor contractual provisions

avtalsvite liquidated damages (must not be a 'penalty' to be enforced under American law, but in Swedish law the term '*vite*' is used for the same concept)

avtjäna ett straff to serve a sentence

avträdande arrendator vacating tenant, vacating lessee

avvika to abscond

avvika från to derogate from

avvikande mening dissenting opinion

avvisa (1) [*en invändning*] to overrule, to reject

avvisa (2) [*talan*] to dismiss without prejudice, to dismiss without reaching the merits

avvisa (3) [*enligt utlänningslagen*] to exclude (an alien) from entry,

to refuse entry

avvisa bevisning to reject evidence (RB 35 kap 7 §)

avvisa en missnöjesanmälan to reject a notice of intention to appeal (RB 49 kap 4 §)

avvisad talan claim dismissed without reaching the merits

avvisitera to search

avvisitering search

avvisning (1) dismissal, rejection

avvisning (2) [*av talan*] dismissal without prejudice, dismissal without reaching the merits

avvisning (3) [*enligt utlänningslagen*] exclusion, refusal of entry

avväpna to disarm

avyttra to alienate, to dispose of, to sell

avyttring disposition

bagatellmål petty case

bakarv reversion

bakarvinge reversioner

bakom lyckta dörrar in camera (USA), in private (E&W)

balansavarbetning backlog

22

reduction

balansdag balance sheet date

balanserade mål backlog, cases pending

balansomslutning total assets ("balance sheet total" is not used in English)

balansräkning balance sheet

balk code

bank bank

bankdeposition bank deposit

bankfack safe deposit box

bankgaranti bank guarantee

bankkonto bank account

bankkontoutdrag bank statement

bankrätt banking law

bankrörelse banking, banking business

banksekretess banking secrecy

banktillgodohavande bank balance

banktjänsteman bank officer

bankväsende banking system

barnadråp infanticide (BrB 3 kap 3 §)

barnarov kidnapping of a child

barnavård child welfare

barnavårdsassistent child

welfare officer

barnavårdscentral child welfare center

barnavårdsman child welfare officer

barnbidrag child allowance

barnets bästa best interests of the child (BIC) (FB 6 kap 2a §)

barnpornografibrott child pornography (BrB 16 kap 10a §)

bashyra base rent

basvaror basic commodities

bedraga to deceive, to defraud, to swindle, to cheat

bedragare deceiver, defrauder, swindler, cheat

bedriva en förundersökning to conduct a preliminary investigation

bedrägeri criminal fraud (BrB 9 kap 1 §)

bedräglig deceitful, fraudulent

bedräglig överlåtelse fraudulent conveyance

bedrägligt beteende fraudulent conduct (BrB 9 kap 2 §)

beediga to swear to

beedigande confirmation by

oath

befallning order

befara to apprehend

befattningshavare employee

befintlig markanvändning

existing pattern of land use

befintligt skick, i as is (in its

present condition)

befogad justified

befogenhet limited authority (of

an agent under a power of

attorney)

befraktare shipper, charterer

befria (1) [*från förpliktelse*] to

release

befria (2) [*ge dispens*] to

exempt

befria från skyldighet to

release from liability

befrielse (1) [*från förpliktelse*]

release (from an obligation)

befrielse (2) [*dispens*]

exemption

befullmäktiga to authorize

befullmäktigat ombud

authorized agent, authorized

representative, proxy

begränsat ansvar limited

liability

begränsning av skadan

mitigation of damage

begå ett brott to commit a

crime

begå mened to commit perjury

begära to request

begära nåd to ask for a pardon

begäran request

begäran om edition request for

production of documents

behandla (1) to treat

behandla (2) [*handlägga*] to

deal with

behandla (3) [*handlägga mål*]

to hear, to try

behandling (1) treatment

behandling (2) [*handläggning*]

dealing with

behandling (3) [*handläggning

av mål*] hearing, trial

behandling (4) [*vård*] care

behandling av personuppgifter

processing of personal data

behovsprincipen principle of

necessity (in determining

whether coercive measures

'*tvångsmedel*' are appropriate)

behovsprövad means-tested

behovsprövning means test, examination of individual needs

behäftad med fel defective

behäftad med servitut (1) encumbered by an easement, subject to an easement

behäftad med servitut (2) subject to a restrictive covenant

behörig competent, having jurisdiction (The court has jurisdiction to hear the case '*Domstolen är behörig att pröva målet.*')

behörig domstol [*laga domstol***]** court of competent jurisdiction

behörig ställföreträdare authorized representative

behörighet (1) [*domstols***]** jurisdiction

behörighet (2) [*fullmakts***]** actual authority

behörighetsfråga question of jurisdiction, issue of jurisdiction

behörighetsmissbruk misuse

of authority (BrB 10 kap 6 §)

bekosta to pay for

bekräfta (1) [*bestyrka***]** to confirm

bekräfta (2) [*bevittna***]** to certify, to corroborate

bekräfta (3) [*erkänna***]** to acknowledge

bekräfta (4) [*stadfästa***]** to ratify

bekräfta (5) [*säga ja***]** to affirm

bekräftande (1) confirmation

bekräftande (2) [*bevittning***]** certification

bekräftande (3) [*erkännande***]** acknowledgment

bekräftande (4) [*stadfästelse***]** ratification

bekänna to confess

bekännelse confession

belagd med bötesstraff punishable by fine

belasta [*med gäld***]** to encumber

belastning encumbrance

belastningsregister criminal record

belåningsgrad loan-to-value

25

ratio

belägg [*bevis*] evidence, proof

belägga med kvarstad to attach

bemyndiga to authorize

bemyndigande authorization

benefik without valuable consideration, free of charge (as opposed to '*onerös*', for valuable consideration)

benefik rättshandling legal transaction without valuable consideration (such as a gift '*gåva*', whereas gifts are not enforceable under common law due to lack of consideration)

benefikt avtal enforceable agreement without valuable consideration (such as a gift '*gåva*', whereas gifts are not enforceable under common law due to lack of consideration)

benåda to pardon

benådning pardon

bereda ett ärende to prepare a matter

beredare drafting officer

beredningsassistent drafting assistant

beredningschef head of drafting division

beredningsjurist drafting law clerk

beredningssamordnare drafting coordinator

beredningssekreterare drafting secretary

beriktiga to correct

beriktigande correction

beroende dependence

beroende person dependent

beroende på vilket som inträffar först/sist whichever comes first/last

berått mod premeditation (as opposed to without premeditation '*i hastigt mod*')

beröva annan livet to take the life of another

beröva sig själv livet to commit suicide, to take one's own life

besiktiga to examine, to inspect, to survey, to view

besiktning examination, inspection, survey, view

besiktningsintyg survey report

26

besiktningsman examiner, surveyor

besitta to possess

besittare possessor

besittning possession

besittnings- possessory

besittningsrätt right of possession

besittningsskydd security of tenure (provides the tenant with the automatic right to remain in possession of the premises after the end of the lease term)

beskattning taxation

beskattningsbar taxable

beskattningsbar inkomst taxable income

beskattningsmyndighet tax authorities

beskattningsrätt tax law

beskattningsår assessment year

beskickning diplomatic mission

beslag seizure, confiscation (RB 27 kap. 1 §)

beslagta to seize, to confiscate

beslut (1) order (The RB distinguishes between orders '*beslut*' and judgments '*domar*'.

Normally '*beslut*' concerns a procedural issue, while a '*dom*' concerns substantive issues.)

beslut (2) [*avgörande*] determination

beslut (3) [*av möte*] resolution (of shareholders or board of directors)

beslut om ansvarsfrihet för styrelseledamöter resolution to grant discharge to the members of the board

beslut om disposition av bolagets vinst resolution on the appropriation of the company's profit

beslut om återvändande return decision

besluta to decide, to determine, to order, to resolve

beslutande av dom rendering of judgment, entry of judgment

besticka to bribe

bestickning bribery

bestraffa to punish

bestraffning punishment

bestrida to oppose

bestridande opposition

bestridd controversial, litigious

bestyrka (1) [bekräfta] to confirm

bestyrka (2) [bevittna] to certify

bestyrkt kopia certified copy

bestämma (1) [besluta] to decide, to determine

bestämma (2) [fastställa] to fix, to set

bestämma (3) [föreskriva] to prescribe

bestämma tid för huvudförhandling to set a date for trial

bestämmande inflytande controlling influence

bestämmelse provision, rule

bestämmelser i avtalet the provisions of the contract (not 'in' the contract)

besvär appeal of an order ('besvär' is an antiquated term; this is now called 'överklagande av ett beslut')

betala to pay

betalbar till innehavaren payable to bearer

betalbar vid anfordran payable on demand

betalningsanstånd extension of time for payment

betalningsansvar payment liability

betalningsbalans balance of payments

betalningsföreläggande (1) [beslut] order to pay

betalningsföreläggande (2) [förfarandet] summary debt collection proceedings (available for collection of matured debts in cases amenable to out-of-court settlement)

betalningsförmåga capacity to pay

betalningsinställelse suspension of payments

betalningsmedel means of payment

betalningsskyldighet payment obligation

betalningstid deadline for payment

betalväxel payment service provider

beteendedelikt [*handlingsdelikt*] conduct-based offense

betinga to condition

betingelse condition

betyda (1) [*beteckna*] to denote, to mean

betyda (2) [*följa indirekt*] to imply

betyda (3) [*vara av betydelse*] to matter

betydelse (1) [*av erbjudet bevis*] relevancy

betydelse (2) [*följd*] implication

betydelse (3) [*innebörd*] meaning

betydelse (4) [*vikt*] importance

betänkande report

betänketid reconsideration period (before a divorce) (ÄktB 5 kap.)

bevaka (1) [*tillvarata*] to look after

bevaka (2) [*vakta*] to guard

bevaka (3) [*övervaka*] to supervise

bevaka sin fordran i konkurs to file a proof of claim in bankruptcy

bevaka testamente vid domstol to probate a will

bevakning (1) [*av testamente*] probate

bevakning (2) [*i konkurs*] proof of claim

bevakning (3) [*övervakning*] supervision

bevakningsförfarande proof of claims procedure

bevakningssammanträde proof of claims meeting

bevekelsegrund ground, motive, reason

bevilja to allow, to grant

bevilja ansvarsfrihet to discharge from liability

bevilja ett lån to grant a loan

bevillning appropriation

bevis evidence, proof

bevisa to prove, to evidence

bevisbörda [*bevisskyldighet*] burden of proof, onus probandi

bevisbördepunkt required level of proof

bevisfaktum indirectly relevant

29

evidence, circumstantial
evidence

bevisföring (1) production of
evidence

bevisföring (2) argumentation

bevisförvanskning tampering
with evidence (BrB 15 kap
8 §)

beviskrav required level of
proof

bevismedel type of evidence

bevismärke evidentiary mark

bevisning evidence, proof

**bevisning till framtida
säkerhet** perpetuation of
evidence for the future (RB
41 kap)

bevisperson person giving
evidence (any person
providing information of
significance for a criminal
investigation; includes
witnesses, injured parties and
persons suspected of the
crime other than the
principal suspect)

bevisprövning evaluation of the
evidence

bevisregel rule of evidence,

evidentiary rule

bevisrätt law of evidence

bevisskyldighet [*bevisbörda*]
burden of proof, onus
probandi

bevissäkringsåtgärd measures
to perpetuate evidence

bevistalan evidentiary
proceedings regarding a
minor

bevistema matter to be proven

bevisuppgift statement of
evidence (RB 36 kap.)

bevisupptagning evidence
taking, taking of evidence

bevisvärde probative value,
evidentiary value (USA),
evidential value (UK)

bevisvärdering evaluation of
the evidence

bevittna (1) [*intyga*] to certify

bevittna (2) [*underteckna*] to
sign

bevittna (3) [*åse*] to witness

bevittnad av två personer
certified by two witnesses

bibrott secondary crime

bidrag (1) contribution

bidrag (2) [*regelbundet betald bestämd summa pengar*] allowance

bifalla en begäran to grant a request

bifalla ett lagförslag to pass a bill

bifalla käromålet to find for the plaintiff, to enter judgment for the plaintiff

bifallande av käromålet judgment for the plaintiff

bifirma "doing-business-as" name, d/b/a

bilaga exhibit (to a contract, a pleading)

bilateralt avtal bilateral agreement

billig [*rimlig, skälig*] fair, reasonable

billighet [*rimlighet, skälighet*] fairness, reasonableness

bilpark fleet of vehicles

bindande bevis conclusive evidence

bisittare judicial assistant

bistraff collateral sanction

biträdande jurist associate (in a law firm)

biträde proxy

biträdesförbud prohibition on giving financial advice

bli myndig to reach the age of majority

blodgruppsbestämning blood-typing

blodgruppsbevisning blood type evidence

blodsförvantskap consanguinity (relationship by blood, as opposed to affinity '*svågerskap*')

bo estate

boarea (BOA) habitable area

bodelning division of marital property (ÄktB 9 kap)

bodelningsförrättare administrator of marital property division (person in charge of dividing marital property upon divorce or death of a spouse) (ÄktB 17 kap)

bofast resident

bohag household goods

bokföra to book

bokföring bookkeeping

bokföringsbrott accounting

offense (BrB 11 kap 5 §)

Bokföringsnämnden (BFN)
Swedish Accounting
Standards Board

bokföringspost entry, item

bolag company

bolagets firma company name

bolagsjurist general counsel

bolagsman partner

bolagsordning bylaws (USA),
articles of association (UK)

bolagsskatt corporate income
tax (USA), corporation tax
(UK)

bolagsskatt corporate income
tax (USA), corporation tax
(UK)

bolagsstyrning corporate
governance

bolagsstämmoprotokoll
minutes of a shareholders'
meeting

Bolagsverket Swedish
Companies Registration
Office

bonus pater familias
reasonable person (used to
determine whether a person
acted with negligence)

borgen guaranty, surety

borgen såsom för egen skuld
suretyship

borgensansvar guarantor
liability

borgensman (1) [*vid enkel
borgen*] guarantor

borgensman (2) [*vid
proprieborgen*] surety (The
creditor can recover from a
surety directly without
having to prove that the
debtor could not pay,
because a surety has primary
liability for the debt, whereas
a guarantor only has
secondary liability '*subsidiärt
ansvar*', and the creditor must
prove that the debtor could
not pay before recovering
against a guarantor.)

borgenär (1) creditor

borgenär (2) [*fordringsägare*]
obligee

borgerlig civil

borgerlig vigsel civil wedding,
wedding before a registrar

bortfallande av påföljd

statutory limitations as to prosecution and sanctions

bortförande av barn child abduction

bosatt domiciled

boskillnad division of marital property

bostad dwelling, residence

bostadsarrende residential lease

bostadsförmedling housing office

bostadshyra rent

bostadslån mortgage (loan secured by a mortgage)

bostadslån med fäst ränta fixed-rate mortgage (FRM)

bostadslån med rörlig ränta adjustable-rate mortgage (ARM)

bostadsrätt tenant ownership (the right whereby a member of a housing association uses a certain dwelling owned by the association, which is responsible for financing the common areas and structures)

bostadsrättsförening (brf) cooperative apartment

association

bostadstillägg rent allowance

bosättning taking up residence

bosättningstillstånd residence permit

bouppteckning inventory of an estate (ÄB 20 kap)

bouppteckningsed oath on the accuracy of an estate inventory

bouppteckningsförrättare person taking inventory of an estate

boutredning estate administration

boutredningsman administrator of an estate (where the testator died intestate, as opposed to the executor of a will *'testamentsexekutor'*)

brandförsäkring fire insurance

brevhemlighet secrecy of correspondence

brist på bevis lack of evidence

brott crime, offense

brott mot allmän ordning crime against public order

brott mot allmän verksamhet

crime against public activity

brott mot allmänheten crime against the public

brott mot borgenärer crime against creditors

brott mot den personliga friheten crime against personal liberty

brott mot familj crime against the family

brott mot frihet och frid crime against liberty and peace

brott mot griftefrid crime against a corpse and the integrity of a burial place (BrB 16 kap 10 §)

brott mot liv och hälsa crime against life and health

brott mot medborgerlig frihet offense against civil liberty (BrB 18 kap 5 §)

brott mot mänskligheten crime against humanity

brott mot person crime against the person

brott mot rikets säkerhet crime against the security of the realm

brott mot rösthemlighet crime against voting secrecy provisions (BrB 17 kap 9 §)

brott mot sedlighet crime against morals

brott mot Staten crime against the State

brott mot tystnadsplikt breach of confidentiality (BrB 20 kap 3 §)

brott som kan föranleda utlämning extraditable crime, extraditable offense

brottets beskaffenhet nature of the offense

brottmål criminal action, criminal case

brottmålsdomstol criminal court

brottmålsrättskipning criminal justice administration

Brottsbalken (BrB) (1962:700) Swedish Penal Code

Brottsförebyggande rådet (Brå) Swedish National Council for Crime Prevention

brottskonkurrens concurrent offenses (situation where one offender commits several offenses simultaneously or successively before being finally convicted for one of them)

brottslig gärning criminal act

brottslig verksamhet criminal activity

brottsoffer crime victim (The RB uses the term injured party '*målsägande*' instead of the term '*brottsoffer*' for the victim of a crime.)

Brottsofferjouren Sverige Swedish Victim Support Association

Brottsoffermyndigheten (BrOM) Crime Victim Compensation and Support Authority

brottsplats crime scene, scene of the crime

brottsplatsundersökning crime scene investigation

brottspåföljd criminal sanction

brottsregister criminal record

brottsskadeersättning compensation for crime victims

brottsutredare crime investigator

brottsutredning crime investigation

brottsverktyg crime instrument

brukande av osann urkund using a false document (BrB 15 kap 11 §)

bruttoarea (BTA) gross area

bruttogolvyta gross floor area

bruttoinkomst gross income

bryta en lag to violate a law

brytande av post- eller telehemlighet breach of postal or telecommunications privacy (BrB 4 kap 8 §)

bröstarvinge direct heir (children, grandchildren and great grandchildren of the deceased)

bud (1) [*anbud*] offer

bud (2) [*befallning*] order

bud (3) [*budbärare*] messenger

bulvan front man

bundet eget kapital restricted equity (equity that cannot be distributed to shareholders)

bundna aktier restricted shares (shares that cannot be acquired by aliens)

butiksfastigheter retail properties

butiksstöld shoplifting

butikstjuv shoplifter

butiksyta retail space

byggherre future proprietor

bygglov building permit

byggnader och mark buildings and land

byggnadsarbetare construction worker

byggnadsdel buildings section (one of the five sections of the Real Property Register *'Fastighetsregistret'*)

byggnadsstadga building regulations

byggnadstillstånd building permit

Byggningabalken (BB) Urban Planning Code

byta [*varor och tjänster utan pengar*] to barter

bytesaffär barter transaction

bytesavtal barter agreement

byteshandel barter

bytesrätt tenant's right to exchange his or her rented dwelling for another one

bårhus mortuary

bära vittnesbörd om något to testify to something

bättre rätt paramount title

bör därför ändras i enlighet med detta should therefore be amended accordingly

börd birth

bördsmål paternity case

börs stock exchange

börsbolag listed company, publicly traded company

börsnoterad listed on the stock exchange

börsvärde market capitalization

böta to pay a fine

böter fines

bötesbelopp amount of the fine

bötesförvandling conversion of fines into imprisonment

bötespåföljd sanction by fine

bötesstraff monetary penalty, fine

bötfälla to fine

casus [*olyckshändelse*] accident (harm caused completely by accident, and not by negligence or intentional misconduct, does

36

not give rise to tort liability,
cf. '*culpa*' and '*dolus*'.)

cedent assignor

censur censorship

cession [*överlåtelse av fordran*] assignment (the two parties to an assignment are the '*cedent*' assignor and the '*cessionarie*' assignee)

cessionarie assignee

check check (USA), cheque (UK)

checkbedrägeri check fraud (USA), cheque fraud (UK)

checkbok checkbook

Checklagen (1932:131) Check Act (USA), Cheque Act (UK)

checkräkning checking account (USA)

Chefsjurist General Counsel

chefsrådman senior judge (of a district court)

chefsåklagare chief district prosecutor

cirkapris recommended price

civil olydnad civil disobedience

civilmål civil case

civilprocessrätt civil procedure

civilprocessuella regler rules of civil procedure

civilrätt civil law

civilrättslig skyldighet civil liability (as opposed to criminal liability '*straffansvar*')

civilrättsligt övergrepp tort (as opposed to crime '*brott*')

civilstånd marital status

condictio indebiti [*återkravsrätt*] right to recover an amount paid in error

culpa [*oaktsamhet*] negligence

culpa i contrahendo liability for bad faith in negotiating a contract

culpaansvar liability based on fault (as opposed to strict liability, which means liability without regard to fault)

culpapresumption presumption of fault

culpös [*oaktsam*] negligent (as opposed to intentional '*uppsåtlig*')

culpöst [*oaktsamt*] negligently (as opposed to intentionally '*uppsåtligen*')

dagordning agenda

37

dagsbot day fine (related to earnings and expressed in terms of so many days' pay)

dagtraktamente daily allowance

Datainspektionen Swedish Data Protection Authority

dataintrång unlawful access to or manipulation of a computer system, "hacking" (BrB 4 kap 9c §)

datakriminalitet computer crime

datapantbrev digital mortgage certificate

Dataskyddsförordningen General Data Protection Regulation (GDPR)

de lege ferenda legislative policy (concerning a proposed law); argument as to how the existing law should be changed

de lege lata existing law (concerning the law currently in force, as opposed to proposed new legislation)

debetsedel tax bill

debitera to debit

deklarationsskyldighet liability to file a tax return

delat ansvar joint liability (where each guarantor is liable for part of the guaranteed debt, as opposed to joint and several liability '*solidariskt ansvar*', where all guarantors are liable for the entire debt)

deldom separate judgment (can be entered when several claims amenable to severance are joined in a single action) (RB 17 kap 4 §)

delge någon en stämning to serve someone with a summons, to serve a summons on someone

delgivning service of process (service of process is handled by the court in Sweden)

delgivningsbar person person authorized to receive service of process on behalf of the company

delgivningsbevis certificate of service

delgivningserkännande acknowledgment of service

delgivningskvitto
acknowledgment of service

deltidsanställd arbetstagare
part-time employee

delvis fullgörelse partial
performance

delvis verkställighet partial
enforcement (of a judgment)

delårsperiod interim period

delägare (1) [*i handelsbolag*]
partner

delägare (2) [*i aktiebolag*]
shareholder

delägt bolag affiliated company

denuntiation [*underrätelse*]
notice (of a new creditor
given to the debtor under a
promissory note)

departement ministry (US
equivalent: department)

departementschef minister (US
equivalent: secretary)

deponera to deposit

depositarie depositary

deposition deposit

depositionsbevis deposit
receipt

derivativ [*herledd*] derivative

derivativa fång derivative title,

derivative acquisition
(acquiring property by
transfer from the previous
owner; examples include
purchase '*köp*', barter '*byte*',
gift '*gåva*', inheritance '*arv*',
etc.)

detaljhandel retail trade

detaljplan detailed development
plan

detentionsrätt right to withhold
performance under a
contract due to the other
party's breach (the withheld
performance must be
proportional to the breach)

devolutiva rättsmedel appeal to
a higher court (as opposed to
filing a motion for
reconsideration with the very
court that issued the order
being challenged)

diariebevis confirmation of
receipt of application

diarienummer registration
number

direktiv [*EU*] directive
(Directives set a goal that all
EU countries must achieve,

but it is up to the individual countries how they achieve it.)

direktör manager (whereas 'director' in the USA means '*styrelseledamot*')

disciplinbot disciplinary fine

diskontera en växel to discount a bill of exchange

diskontering discounting

dispaschör average adjuster

dispens (1) exemption

dispens (2)
[*prövningstillstånd*] leave to appeal (USA), permission to appeal (E&W)

dispensansökan application for an exemption

dispositionsprincipen rule governing civil proceedings whereby the court can only act in response to an application by the parties (this principle governs in matters that are amenable to out-of-court settlement '*dispositiva tvistemål*' and is the opposite of the '*officialprincipen*' whereby the

court can act on its own initiative—referred to as '*ex officio*' in Swedish but 'sua sponte' in English)

dispositionsrätt right of disposal

dispositiv optional

dispositiv bestämmelse non-mandatory provision, provision that can be eliminated by contract, provision that can be contracted out of

dispositiv rättsregel non-mandatory rule, rule that can be eliminated by contract, rule that can be contracted out of

dispositivt mål case amenable to out-of-court settlement

dissens (1) [*avseende skälen*] concurring opinion

dissens (2) [*avseende skälen och slutet*] dissenting opinion

dissens (3) [*anbud och oren accept*] lack of consensus, no meeting of the minds

djurplågeri cruelty to animals (BrB 16 kap 13 §)

djurskydd prevention of cruelty to animals

dobbleri illicit gambling (BrB 16 kap 14 §)

doktrin writings of legal scholars, legal scholarship, legal commentators, the legal literature

dokumentförfalskning falsification of documents

dolus [*uppsåt*] intent

dom (1) [*i tviste- och brottmål*] judgment

dom (2) [*påföljd i brottmål*] sentence

dom på handlingarna judgment on the documentary evidence (judgment handed down without a trial based on the documentary evidence alone)

domar- judicial

domare (1) judge

domare (2) [*i högsta instans*] justice

domared judicial oath

domarjäv disqualification of a judge (e.g. due to kinship with one of the parties)

domarkansli office of the court clerk

domarkår judiciary

domarämbete judgeship

dombok judgment book

domför quorum

domförhet composition of a court so that it has a quorum

domkrets court district, area over which a court has jurisdiction

domsaga territorial jurisdiction of a court

domskäl grounds for the decision '*domslut*'

domslut holding, decision of the court

domsrätt jurisdiction

domstol court

domstolen är behörig the court has jurisdiction

domstols- judicial

domstolsassistent court assistant

domstolsbeslut court order

domstolsföreskrift court directive

domstolsförhandling court session

domstolshandläggare court clerk

domstolsnotorietet facts of which the court can take judicial notice (and thus do not have to be proven) (RB 35 kap 2 §)

domstolspraxis court practice

domstolsprocess court proceedings

domstolsprotokoll court record

domstolsprövning court proceeding, judicial proceeding

domstolssekreterare court secretary

domstolstrots contempt of court

domstolsväsendet the judiciary, the court organization

domstolsärende non-contentious matter (such as adoption or probate of an estate, as opposed to a dispute '*tvistemål*')

domvilla [*grovt rättegångsfel*] serious procedural error, miscarriage of justice (RB 59 kap)

domvillobesvär relief for a serious procedural error

dossier file

dotterbolag subsidiary

driftkostnader operating costs

driftnetto net operating income (NOI)

driva näringsverksamhet to carry on business activities, to do business

drogmissbruk drug addiction, drug abuse

drogmissbrukare drug addict

dråp manslaughter (BrB 3 kap 2 §)

dråpare manslaughterer

dröjsmål delay

dröjsmålsränta penalty interest on arrears

dröjsmålsvite liability for delay

dubbelbeskattningsavtal double taxation treaty

dubbelt medborgarskap dual citizenship

dödförklaring declaration of death (means that a missing person is deemed to be dead even though their body has not been found)

dödsattest death certificate

dödsbevis death certificate

dödsbo estate, decedent's estate (USA), deceased's estate (UK)

dödsboanmälan estate notification (takes the place of an inventory '*bouppteckning*' when the decedent's assets only cover the funeral costs and other expenses and the decedent has no real property or ground leases in Sweden or abroad)

dödsbodelägare beneficiary of an estate

dödsboutredning estate investigation

dödsfall death

dödshjälp mercy killing, assisted suicide, euthanasia

dödsolycka fatal accident

dödsorsak cause of death

dödsrättshandling [*förfogande över kvarlåtenskap*] testamentary disposition

dödsstraff death penalty, capital punishment (outlawed in Sweden but legal in 30 of the 50 states in the USA)

döma (1) [*avdöma*] to adjudicate

döma (2) [*bedöma*] to judge

döma (3) [*pröva*] to try

döma (4) [*för brott*] to sentence, to convict

döma någon till en brottspåföljd to sentence someone

dömande makten judicial power

dömande verksamhet adjudication process

dömd för brott sentenced for crime, convicted of crime

dömd till fängelse sentenced to imprisonment

dömd till internering internee

dömd till skyddstillsyn probationer (person on supervised probation)

e contrario conversely, the other way around (arguing that the situation directly opposite to the one governed by the legal rule is governed by the opposite principle)

ed oath

editionsbegäran request for
production of documents

editionsföreläggande order to
produce a document or an
object

editionsplikt duty to produce a
document or an object (RB
38 kap. 2 §)

edlig förpliktelse obligation by
oath

edsvuren utsaga affidavit,
sworn statement

edsvuret vittne sworn witness

effektdelikt result-based offense
(the result of the offense
must occur in order to be
penalized, such as murder, as
opposed to a conduct-based
offense 'handlingsdelikt', such
as driving without a license,
which is penalized even if no
harm occurs)

effektförbrukning power
consumption

efter svenska förhållande by
Swedish standards

efterarv [sekundosuccession]

secondary succession

efterarvinge [sekundosuccessor]
secondary heir

efterföljande kumulation
subsequent joinder

eftergift (1) waiver, renunciation

eftergift (2) [av påföljd, åtal]
remission

**eftergift att betala
förseningsavgift** remission
of penalty for late filing

eftergivande voluntary
dismissal with prejudice (the
plaintiff dismisses his suit
and is permanently barred
from further litigating the
same subject matter)

efterleva en lag to obey the law

efterlevande make surviving
spouse

efterlevnad observance,
compliance

efterlysning search for a
suspect, APB (all points
bulletin) (USA), APW (all
ports warning) (UK)

efterlyst för brott wanted for
crime

efterskänka (1) [krav] to waive

efterskänka (2) [*skuld*] to release

efterskänka (3) [*straff*] to pardon

efterspana to search for

efterspanad av polisen wanted by the police

eftertaxering additional assessment

egenavgifter self-employed person's social security contributions

egendom property

egendomsbrott crime involving property

egendomsgräns property line

egendomsmäklare real estate agent

egenföretagare self-employed person

egenhändig namnteckning manual signature, autograph signature

egenmäktig arbitrary

egenmäktighet arbitrariness

egenmäktighet med barn child abduction (BrB 7 kap 4 §)

egenmäktighet vid förhandling med främmande makt arbitrary conduct in negotiation with a foreign power (BrB 19 kap 4 §)

egenmäktigt förfarande criminal conversion (BrB 8 kap 8 §)

egenskapskrav performance standard

eget kapital shareholders' equity

ekobrott economic crime

Ekobrottsmyndigheten Swedish Economic Crime Authority

ekonomisk aktör economic operator

ekonomisk brottslighet economic crime

ekonomisk förening (ek för) cooperative society (used in housing, farming and for the cooperative retail trade)

ekonomisk situation financial position (of a company)

elektronisk underskrift electronic signature (RB 17 kap 10 §)

emission issue, new share issue, new issue of capital stock

45

emissionsanmälan report of
share issue

emissionsprospekt issue
prospectus

en för alla och alla för en
jointly and severally (as
opposed to severally '*var för
sig*')

endossat indorsee (USA),
endorsee (UK)

endossement [*indossament*]
indorsement (USA),
endorsement (UK)

endossent indorser (USA),
endorser (UK)

endossera to indorse (USA), to
endorse (UK)

enfamiljshus single-family
dwelling

engångsbelopp lump sum

engångsförbrytare one-time
offender

enhetlighet consistency

enhetschef judge, head of
section

enhetstaxa flat rate

enhällig unanimous

enhällighet unanimity

enkel borgen guaranty

enkelt bolag partnership

enkelt skuldebrev non-
negotiable note (although in
practice, '*enkla skuldebrev*' are
indeed transferred and this is
allowed)

enligt lag by law

ensam vara behörig to have
exclusive jurisdiction

enmansdomstol one-judge
court

ensamdomare single judge,
judge sitting alone

ensamkommande barn
unaccompanied minor

ensamrätt exclusive right

ensidig rättshandling unilateral
act having legal
consequences (such as a last
will and testament '*testamente*',
as opposed to a bilateral act
such as making a contract;
contracts can in turn be
either unilateral '*ensidig*' or
bilateral '*tvåsidig*')

ensidigt förpliktande avtal
unilaterally-binding contract
(only one of the parties has
undertaken an obligation)

46

SWEDISH-ENGLISH LAW DICTIONARY

enskild egendom (1) separate property (of each spouse)

enskild egendom (2) private property

enskild firma sole proprietorship

enskild överläggning deliberation in camera (USA), deliberation in private (E&W)

enskilt anspråk private claim for damages as a result of a crime (can be asserted in the criminal case or in a separate civil case)

enskilt åtal private prosecution (The victim '*målsägande*' may bring a private prosecution '*enskilt åtal*' only if provided the prosecutor has decided not to prosecute and the victim has made a complaint to the proper authorities.) (RB 20 kap. 8 §)

entlediga to dismiss, to remove from office

entledigande dismissal, removal from office

entreprenadrätt construction law

entreprenadtid time for completion

entreprenadtvist construction dispute

entreprenör contractor

envarsgripande citizen's arrest (RB 24 kap. 7 §)

erkänna (1) [*ett brott, en skuld*] to confess, to plead guilty

erkänna (2) [*ett faktum*] to admit

erkänna (3) [*godkänna*] to accept, to acknowledge

erkänna ett brott to plead guilty

erkännande (1) [*i civilmål*] admission (of a fact by a party; facts that a party admits do not have to be proven) (RB 35 kap 3 §)

erkännande (2) [*i brottmål*] confession (RB 35 kap 3 §)

erkännande av en dom recognition of a judgment

ersätta (1) [*för skada*] to indemnify

ersätta (2) [*gottgöra*] to

compensate, to remunerate

ersätta (3) [*utbyta*] to replace,
to supersede

ersätta (4) [*utlägg*] to
reimburse

ersättning (1) [*för skada*]
damages (USA),
compensation (UK)

**ersättning (2) [*till vittne för
utlägg*]** reimbursement

ersättning (3) [*utbyte*]
replacement

**ersättning (4) [*vederlag,
gottgörelse*]** compensation,
remuneration (US English
tends to use 'compensation'
where British English uses
'remuneration' since
'compensation' in the UK
suggests 'damages'.)

ersättningsanspråk claim for
damages

ersättningsbeslut award of
damages

ersättningsskyldig liable to pay
damages

ersättningstalan action for
damages

ertappande detection

Europaparlamentet European
Parliament

Europarådet Council of Europe

europeisk arresteringsorder
European arrest warrant
(EAW)

Europeiska rådet European
Council

Europeiska unionen European
Union

ex officio sua sponte, on one's
own motion (ex officio in
English means "by virtue of
one's office" not "on one's
own motion")

exculpera to exculpate, to
exonerate

exekutionstitel enforcement
order (instrument evidencing
a right of
execution/enforcement,
document that the court will
enforce)

exekutiv auktion compulsory
auction

exekutiv förrättning executory
proceedings

exekutiv försäljning judicial

48

sale

exekvatur exequatur, enforcement of a foreign judgment (local court's validation of a foreign judgment so that the judgment can be enforced locally)

exemplar counterparts (of a contract)

exhibition surrender of specific goods

exigibel enforceable

exigibilitet enforceability

expeditionstid office hours

expertutlåtande expert opinion

expropriation expropriation

expropriera to expropriate

exstinktiva fång acquisition by extinction (an example is a good faith acquisition 'godtrosförvärv'; cf. 'derivativa fång')

extensiv lagtolkning liberal construction, broad construction (of a law or contract)

extern firmatecknare authorized signatory who is

not a member of the board of directors

extern verkställande direktör CEO who is not a member of the board of directors

extra bolagsstämma special meeting of shareholders (USA), extraordinary meeting of shareholders (UK)

extraordinär dispens leave to appeal granted for extraordinary reasons

extraordinärt rättsmedel extraordinary remedy (one available in situations would otherwise be nonappealable, providing relief for substantive defects, relief for serious procedural errors, and restoration of expired time)

fackförening labor union (USA), trade union (UK)

facklig vetorätt labor union's veto right

fackuttryck term of art

factum probandum fact to be proven (fact that by law must be present in order to prove the claim or defense at issue)

factus probans fact proving the factum probandum (fact that tends to prove or disprove the existence of the facts at issue)

faderskap paternity

faderskapsbekräftelse acknowledgment of paternity

faderskapsbestämning establishment of paternity

faderskapsmål paternity case

faktum fact

faktura invoice

fakultativ discretionary, optional

fakultativ kumulation permissive joinder

fall case

falsk angivelse false accusation (BrB 15 kap 6 §)

falsk tillvitelse false incrimination (BrB 15 kap 7 §)

falskt larm false alarm (BrB 16 kap 15 §)

falskt åtal false prosecution (BrB 15 kap 5 §)

familjeförsörjare breadwinner

familjerätt family law

fara danger, peril, risk

faredelikt crime of endangerment

fast bostad habitual residence

fast driftställe permanent establishment

fast egendom real property, real estate, realty (real property is land 'jord').

fastighet property unit

fastighetsavgift municipal property tax

fastighetsbestånd property portfolio

fastighetsdomstol land court

fastighetsförvaltare property manager

fastighetsförvärv property acquisition

fastighetsmäklare real estate agent (USA), realtor (USA), estate agent (UK)

Fastighetsregister Real Property Register

fastighetsreglering property reallotment

fastighetsrätt property law

fastighetsrörelse real estate

industry

fastighetsskatt property tax
(abolished in 2008 and
replaced with
fastighetsavgift)

fastighetsskötsel (F-skötsel)
property management

fastighetsägare property owner

fastslå [om domstolen] to hold,
to find

fastställa (1) [om domstolen]
to find, to determine

fastställa (2) [belopp] to assess

fastställa belopp to assess an
amount

fastställa dag to set a date

fastställa lägre rätts dom to
affirm the lower court's
judgment, to affirm the
judgment of the court below

fastställelse declaratory relief

**fastställelse av balansräkning
och resultaträkning**
adoption of the balance sheet
and income statement

fastställelsedom declaratory
judgment

fastställelsetalan declaratory
judgment action (seeks a

declaration of whether or not
a certain legal relationship
exists; thus, an action cannot
be brought for declaration of
how to interpret a statute
since statutory interpretation
does not constitute a
concrete legal relationship)

fastställt faderskap established
paternity

fatalietid time limit

fatta beslut to adopt a
resolution (at a shareholders'
meeting)

fel i varan defect (in a product)

felaktig vara defective product

fickstöld pickpocketing

fideikommiss entailed estate

filial branch office

filial till utländskt bolag
branch of a foreign
corporation

**finansiella
anläggningstillgångar**
investments

Finansinspektionen Swedish
Financial Supervisory
Authority

finansrätt public finance law

51

fingerad fictitious

fingerade personuppgifter

    fictitious personal data (for

    crime victims seeking a

    change of identity)

fingeravtryck fingerprint

fingeravtrycksmönster

    fingerprint pattern

firma (1) firm

firma (2) company name

firmatecknare authorized

    signatory (person authorized

    to sign on behalf of a

    company)

firmateckning signing on

    behalf of a company

firmateckningsfullmakt

    signing authority

firmateckningsrätt signing

    authority

fiskal assistant judge (in a court

    of general jurisdiction)

fjärrvärme district heating

flerfaldigt medborgarskap

    multiple citizenship

fly to escape

flygplanskapare hijacker

flygplanskapning hijacking

flygplatssabotage sabotage at

an airport (BrB 13 kap 5b §)

flykt escape

flykting refugee

flyttningsanmälan report of

    change of address

flyttningsbetyg certificate of

    change of address

flyttningsbidrag allowance for

    moving expenses

folkbokföring population

    registration

folkbokföringsnummer

    personal identification

    number

folkmord genocide

folkomröstning referendum

folkpension national basic

    pension

folkpensionär pensioner under

    the national pension

    insurance plan

folkrätt public international law,

    the law of nations, jus

    gentium

folkrättsbrott crimes against

    international law (BrB 22 kap

    6 §)

fond fund

fondaktie stock dividend (USA)

(dividend in the form of stock), bonus share (UK) (ABL 11 kap. 4 §)

fondbörs stock exchange

fondemission stock dividend issue (USA), bonus share issue (UK)

fondkommissionär stock broker

force majeure force majeure (formerly called '*högre hand*')

fordra to claim, to demand

fordran (1) requirement, demand

fordran (2) [*hos bank*] balance, credit balance

fordran (3) claim, receivable

fordran förenad med förmånsrätt preferred claim, privileged claim

fordringar på dotterbolag receivables from subsidiaries

fordringsbevis certificate of claim

fordringsrätt debtor-creditor law

fordringsägare creditor

fordringsägare i god tro good-faith creditor

formalavtal contract that must be in writing to be valid (as opposed to a '*konsensualavtrag*')

formell procedural (as opposed to substantive '*materiell*')

formell rätt procedural law (as opposed to substantive law '*materiell rätt*')

formell rättskraft legal force of a judgment that is no longer subject to appeal (as opposed to '*materiell rättskraft*' which refers to the judgment's binding effect on subsequent lawsuits involving the same question)

formfel procedural error

formkrav form prescribed by law

fornlämning ancient monument

forum jurisdiction, venue

forumregel rule of jurisdiction

forumval forum selection

fosterbarn foster child

fosterfördrivning abortion

fotboja ankle bracelet, ankle monitoring

fraktsedel waybill, consignment

53

note

fram till denna dag to date

framkallande av fara för annan
exposing others to grave risk
of harm (BrB 3 kap 9 §)

framläggande av bevisning
presentation of evidence (RB
43 kap 8 §)

framställning statement,
presentation

framställning om förhandling
demand for negotiations
(served by employer on
employees or vice versa)

framtida men permanent injury

fredsplikt labor-stability
obligation

fri bevisföring free admissibility
of evidence (principle that all
types of evidence are
admissible, meaning that no
categories of evidence are
inadmissible per se, as would
be the case with evidence
such as hearsay under US
law) (RB 35 kap 1 §)

fri bevisvärdering free
assessment of evidence
(principle that the court can

evaluate evidence in
accordance with the dictates
of its conscience) (RB 35 kap
1 §)

fri förfogande rätt right of free
disposal

fri rörlighet för varor free
movement of goods

fria reserver retained earnings

friande dom [*i brottmål*]
acquittal

fridskränkning violation of
integrity

frige discharge, release on
probation

frigiven released on probation

frihetsberövande deprivation of
liberty

frihetsstraff imprisonment

frikänna to acquit

frikänna i brist på bevis to
dismiss for lack of evidence

frikännande acquittal

frikännande dom [*i brottmål*]
acquittal, judgment of
acquittal

friköpa to redeem

friskrivning disclaimer

friskrivning från hemulansvar

54

disclaimer of warranty of title

frist grace period, extension of time

fritt kassaflöde free cash flow (FCF)

frivillig voluntary

frivilligt återvändande voluntary return (of asylum seeker to home country)

frivård noncustodial sentence

frivårdsstraff noncustodial sentence

frysningsbeslut freezing order (order freezing property or evidence)

frånhända någon något to dispossess someone of something

frånhändande dispossession

frånskild divorced

frånträde handover date

frånvarande person missing person

frånvaro (1) absence

frånvaro (2) [*brist på bevis*] lack of evidence

främja ett brott med råd och dåd to aid and abet a crime

främjande av flykt assisting a

fugitive (BrB 17 kap 12 §)

FT-mål [*förenklat tvistemål*] small claim

fullbordat brott consummated crime

fullfölja (1) [*syfte om*] to pursue

fullfölja (2) [*talan*] to appeal, to take an appeal

fullfölja talan to appeal

fullföljds- appellate

fullföljdshänvisning notice of right to appeal, how to appeal

fullföljdsinstans appellate court

fullföljdsrätt right of appeal

fullföljdstillstånd leave to appeal

fullgöra to perform

fullgöra ett kontrakt to perform a contract

fullgörande performance (of a contract)

fullgörelsetalan performance claim, claim for performance

fullgörelseyrkande performance claim, claim for performance

fullmakt power of attorney

55

fullmaktsgivare principal

fullmaktshavare attorney-in-fact, agent

fullmäktig (1) attorney-in-fact, agent

fullmäktig (2) proxy

fullt bevis conclusive evidence

fusion merger

fusion genom kombination consolidation (two or more companies unite to create a new company, and the original companies cease to exist)

fusion med helägt dotterbolag merger with a wholly owned subsidiary, merger by absorption

fusionsplan plan of merger

fyndförseelse failure to return lost property (BrB 10 kap 8 §)

fysisk person natural person, individual

få nåd to be pardoned

få verkan to take effect

fåmansbolag closely held company

fåmansföretag closely held company

fång acquisition

fånge prisoner, convict

fångesman predecessor in title

fångvaktare jailer

fångvårdsanstalt correctional institution, penitentiary, jail, prison

fälla en dom to hand down a judgment, to render a judgment

fällande dom [*i brottmål*] conviction (as opposed to acquittal '*friande dom*')

fängelse [*påföljd*] imprisonment

fängelse på livstid life imprisonment

Fängelselagen (2010:610) Prisons Act, Corrections Act

fängsla to imprison, to incarcerate

fängsligt förvar imprisonment, incarceration, confinement

född inom äktenskap born in wedlock

född utom äktenskap born out of wedlock

födelsebevis birth certificate

följdkrav additional requirement

för egen del pro se

föra bevis to produce evidence, to present evidence

föra någons talan to appear for someone

föra protokoll to take the minutes, to keep the minutes

föra talan om ersättning to file a claim for damages

förakt contempt

förarbeten till lag legislative history, preparatory legislative materials (In Sweden the legislative history preceding enactment of a law is an important source of law, since it is considered to reveal the legislator's intentions.)

förargelseväckande offensive

förargelseväckande beteende disorderly conduct (BrB 16 kap 16 §)

förbehåll reservation, proviso

förbehålla to reserve

förbehålla sig rätten to reserve the right

förbereda to prepare

förberedande preparatory, preliminary

förberedelse (1) [*av mål; till brott*] preparation

förberedelse (2) [*i rättegång*] pretrial conference

förberedelse till brott preparation to commit a crime (BrB 23 kap 2 §)

förbindelse obligation

förbjuda to forbid, to prohibit

förbrytare criminal, offender

förbud prohibitory injunction (court order not to do something, as opposed to a mandatory injunction '*påbud*' which is an order to do something)

förbudsföreläggande injunction, ordering an injunction, imposing an injunction

fördelning av kostnader apportionment of costs

fördom prejudice

fördrag treaty

förebygga to prevent

förebyggande *adj* preventive

förebyggande *n* prevention

föredra målet to present a
report on the case to the
judges (so that they can
decide it)

föredragande reporting clerk

föredragningslista
[*dagordning*] agenda

föregivande av allmän
ställning impersonating a
public official (BrB 17 kap
15 §)

förelägga (1) [*befalla*] to order,
to com mand

förelägga (2) [*föreskriva*] to
direct, to rule

förelägga (3) [*att inställa sig*
inför domstol] to subpoena

förelägga inställelse to
subpoena

föreläggande (1) [*från*
myndighet] official notice

föreläggande (2)
[*förbud/påbud*] injunction

föreläggande (3) [*att inställa*
sig inför domstol]
subpoena

föreläggande av ordningsbot
summary fine order (issued

by a police officer for an
offense punishable by a set
fine, such as traffic offenses,
littering and public nuisance)

föreläggande om betalning
order to pay a debt

föremålet för bolagets
verksamhet corporate
purpose (USA), object of the
company (UK)

förening association

förening av mål joinder of
cases

föreningsrätt right of
association, right to organize
a labor union (although
'*föreningsrätt*' applies to both
employers and employees)

förenklad delgivning simplified
service (postal delivery
followed by note indicating
that service was made)

förenklat skiljeförfarande
expedited arbitration

förenklat tvistemål [*FT-mål*
eller *småmål*] small claim

föreskrift regulation, rule,
administrative provision

föreskrifter som meddelats

58

med stöd av lagen regulations issued under the act

förestava en ed to administer an oath

företag company, enterprise, undertaking (EU)

företagare businessperson

företagsbot corporate fine (BrB 36 kap 7 §)

företagsekonomi business administration

företagsform corporate form, type of company

företagshypotek chattel mortgage (USA), floating charge (UK) (replaced the *företagsinteckning* in 2009)

företagsrekonstruktion company reorganization (in lieu of bankruptcy)

förete to present, to produce

företeende presentation, production

företräda to represent

företrädesrätt preemptive right (right of existing shareholders to subscribe for a new issue of shares to maintain their percentage interest in the company and thus avoid dilution of their interest)

förevändning pretext

förfalla (1) to expire, to lapse

förfalla (2) to mature, to fall due

förfalla till betalning to be due and payable, to mature

förfallen ränta accrued interest

förfallen till betalning matured, due and payable

förfallodag due date, maturity date

förfallotid time of maturity

förfalska (1) [*dokument*] to forge

förfalska (2) [*pengar*] to counterfeit

förfalskare forger, counterfeiter

förfalskning (1) [*dokument*] forgery

förfalskning (2) [*pengar*] counterfeiting

förfalskningsbrott crime involving falsification

förfarande practice

författarrätt (1) copyright

författarrätt (2) copyright law

författning (1) [*lag*] statute

författning (2) [*grundlag*]
constitution

författningsbestämmelser
statutory provisions

författningsenlig (1) statutory

författningsenlig (2)
constitutional

författningssamling statute
book

författningsstridig
unconstitutional

förflyttning transfer

förfoga över to have (at one's
disposal), to use

förfogande (1) disposal

förfogande (2) [*genom
testamente*] testamentary
disposition

förfrågan inquiry (USA),
enquiry (UK)

förfrågningsunderlag bid
specifications (USA), tender
documents (UK)

förfång detriment, prejudice

förfölja to persecute, to pursue

förföljelse persecution

förgripelse mot tjänsteman
injurious act directed at an

official (BrB 17 kap 2 §)

förgöring endangering plants or
animals (BrB 13 kap 8 §)

förhandla to negotiate

förhandling (1) negotiation

förhandling (2) [*i rättegång*]
hearing, session

förhandling för förberedelse
preliminary hearing

**förhandling inom stängda
dörrar** in camera hearing
(USA), hearing in chambers
(USA), hearing in private
(E&W)

förhandlingsrätt right of
collective bargaining

förhandlingssal courtroom

förhandlingstid length of the
hearing

förhandsavgörande preliminary
ruling

förhör examination, questioning,
interrogation

förhör med tilltalad
examination, questioning,
interrogation of the
defendant

förhöra to interrogate, question,
examine

förhöra vittne to examine a witness

förhörsledare examiner, interrogation officer

förhörsvittne witness in an interrogation

förklara jävig to disqualify

förklara skyldig till to find guilty of

förklara vilande to stay

förklarande respondent, appellee (Prior to the 1994 amendments to RB, the appellee in a case involving an order '*beslut*' was called '*förklarande*' but is now referred to as the '*motpart*'.)

förklaringsmisstag mistake in declaration of intent (mistake made by the offeror in a contract, such as saying or writing 'three' and meaning 'thirty'; he will usually be bound by this mistake if the offeree relies on it in good faith '*i god tro*', i.e., does not suspect that it is wrong, but will not be bound if the offeree knows or should have known that it was wrong) (AvtL 3 kap 32 §)

förköpsförbehåll reservation of a right of first refusal (selling shareholder must first offer his shares to existing shareholders before offering them to third parties)

förköpsklausul clause establishing a right of first refusal (ABL 4 kap 18-26 §)

förköpsrätt right of first refusal (selling shareholder must first offer his shares to existing shareholders before offering them to third parties)

förlag advance

förlagsbevis debenture

förledande av ungdom corruption of minors (BrB 16 kap 12 §)

förlika to conciliate (RB 42 kap 17 §)

förlikning conciliation, out-of-court settlement

förlikningsavtal settlement agreement

förlikningsman conciliator

förlänga to extend

förlängning av tid extension (of time)

förmedla to broker, to act as an intermediary

förmedlingsprovision broker's fee

förmildrande omständigheter mitigating circumstances (BrB 29 kap 3 §)

förmodad presumptive

förmyndare guardian (a child's guardians are responsible for the child's financial affairs, while custodians *vårdnadshavare* are responsible for the child's personal needs) (FB 10 kap)

förmyndarskap guardianship

förmån benefit

förmåns- preferential

förmånsbestämd pension defined-benefit pension

förmånsrätt priority right (of creditors in bankruptcy)

Förmånsrättslag (FRL) (1970:979) Rights of Priority Act (governs the distribution of property among creditors

in a bankruptcy estate)

förmånstagare beneficiary

förmögenhet capital, property

förmögenhetsbrott crime against property

förmögenhetsbrottsförsäkring fidelity insurance (provides coverage in the event of embezzlement or other dishonesty by employees)

förmögenhetsrätt law of property, property law

förmögenhetsskatt property tax

förmögenhetstillgång capital asset

förneka to deny

förnekande denial

förnekande av underskrift denial of signature (BrB 15 kap 13 §)

förnyad handläggning rehearing, retrial

förnyad prövning retrial

förnyat övervägande reconsideration

förolämpa to insult, to offend

förolämpning criminal insult (BrB 5 kap 3 §)

förordna (1) [*angiva, utpeka*]
to assign

förordna (2) [*bestämma*] to
decree, to order

förordna (3) [*utnämna, utse*]
to appoint, to nominate

förordnande (1) assignment

förordnande (2) [*utnämning*]
appointment, nomination

förordning (1) [*bestämmelse*]
decree

förordning (2) [*av kommun*]
ordinance

förordning (3) [*EU*] regulation
(directly applicable across the
EU; cf. '*direktiv*')

förorätta to injure, to wrong

förpassa ur riket to remove
from the country, to deport

förpassning ur riket removal
from the country,
deportation

förplikta (1) [*om avtal*] to
obligate, to bind

förplikta (2) [*om domstolen*] to
order

**förplikta att ersätta
rättegångskostnaderna** to

order to pay costs

förplikta sig to agree to (USA),
to undertake to (UK)

förpliktad obligated (USA),
obliged (UK)

förpliktande binding

förpliktelse obligation

förrätta bodelning to
administer the division of
marital property

församling [*kyrklig*] parish

församlingsfrihet freedom of
assembly

förseelse misdemeanor

försegla to seal

förseningsavgift penalty for late
filing, late fee

förseningsdag day of delay

försitta sin rätt to forfeit one's
right

förskingra to embezzle

förskingring embezzlement
(BrB 10 kap 1 §)

förskott advance payment,
prepayment

förskott på arv advance on
one's inheritance (advances
must be brought into
hotchpot '*avräknas på arvingens*

63

arvslott) (ÄB 6 kap 1 §)

förskottera to advance

förslag proposal

förslag till bolagsordning draft
articles of incorporation

förslag till dagordning
proposed agenda

förslag till vinstdisposition
proposed appropriation of
profits

första domstol court of first
instance

första inställelse first hearing

förstagångsförbrytare first
offender

förstahandspant first mortgage
(ranks prior to other
mortgages)

förstainstansrätt court of first
instance

förstatliga to nationalize

förstatligande nationalization

försträcka to advance

försträckning advance

förstudie feasibility study

försumlig negligent

försumlighet [*culpa*]
negligence

försumma (1) to neglect

försumma (2) to default

försummelse (1) negligence

försummelse (2) default

**försummelse av
krigsförberedelse** omission
of duties to perform military
preparation (BrB 21 kap
11 §)

försutten tid expired time

försvar defense

försvara to defend

försvarare defense counsel,
counsel for the defense

försvarbar justifiable

försvarlig excusable

Försvarsmakten Swedish
Armed Forces

försvåra to aggravate

**försvårande av konkurs eller
exekutiv förrättning**
hindering bankruptcy or
other insolvency proceedings
(BrB 11 kap 2 §)

försvårande omständigheter
aggravating circumstances
(BrB 29 kap 2 §)

försäkra (1) to insure

försäkra (2) to underwrite

försäkra (3) [*påstå*] to affirm

försäkran affirmation (in lieu of an oath)

försäkring insurance

Försäkringsavtalslagen (2005:104) Insurance Contracts Act

försäkringsbar insurable

försäkringsbesked social insurance card

försäkringsdomstolen Social Insurance Court

försäkringsgivare insurer

Försäkringskassan Swedish Social Insurance Agency

försäkringspremie insurance premium

försäkringsrätt insurance law

försäkringstagare policyholder

försäljning sale

försändelse dispatch

försätta i konkurs to declare bankrupt

försätta på fri fot to release

försätta under åtal to indict

försättande i nödläge placing a person in a distressful situation (BrB 4 kap 3 §)

försök attempt (BrB 23 kap 1 §)

försök till brott attempted crime (BrB 23 kap 1 §)

försöksutskrivning conditional discharge

försöksverksamhet pilot project, experiment

försörja to provide for, to support

försörjare breadwinner, supporter

försörjningsplikt maintenance obligation

förtal defamation (BrB 5 kap 1 §) (defamation is a crime under Swedish law, but a tort under American law)

förtala to defame

förteckning (1) inventory

förteckning (2) register

förtida återbetalning prepayment (of a loan before it is due)

förtidsamortering prepayment (of a loan before it is due)

förtidspension national supplementary disability pension

förtroende confidence, trust

förtroendeman (1) delegate, deputy

förtroendeman (2) agent, representative

förtursrätt priority

förundersökning preliminary investigation of a crime

förundersökningsledare head of a preliminary investigation

förundersökningsprotokoll (FUP) case file (material on which the decision on whether to prosecute is based)

förutredning preliminary enquiry (stage prior to opening a preliminary investigation of a crime)

förutsätta (1) [*antaga*] to assume, to presume

förutsätta (2) [*ha till förutsättning*] to imply, to presuppose

förutsätta (3) [*ta för givet*] to take for granted

förutsättning (1) [*antagande*] assumption, supposition

förutsättning (2) [*utgångspunkt*] basis

förutsättning (3) [*villkor*] condition, prerequisite

förutsättningsläran doctrine of the underlying assumptions of the contract

förvalta to administer

förvaltare administrator

förvaltarregistrera aktier to register shares in the name of an authorized agent

förvaltarskap administration (The system of declaring persons incompetent was abolished by legislation in 1998 and replaced by a new type of extended trusteeship called administration. Where appointment of a special guardian '*god man*' would be inadequate, the court can appoint an administrator '*förvaltare*'.)

förvaltning administration

förvaltnings- administrative

förvaltningsberättelse management report, management's discussion and analysis (MD&A)

förvaltningsdomstol administrative court

förvaltningsförfarande
administrative procedure

förvaltningsmyndighet
administrative authority

Förvaltningsprocesslagen (FPL) (1971:291) Code of Administrative Procedure

förvaltningsprocessrätt
administrative procedure

förvaltningsprocessuella regler
rules of administrative procedure

förvaltningsrätt (1)
administrative law

förvaltningsrätt (2) [*domstol*]
administrative court

förvaltningsrättsfiskal junior administrative court judge

förvaltningsrättsnotarie
administrative court law clerk

förvaltningsåtgärd
administrative measure

förvandla to convert

förvandling conversion

förvandlingsfängelse
conversion of unpaid fines into imprisonment, imprisonment for failure to pay fines

förvanska to tamper

förvanskande av familjeställning
misrepresentation of family status (BrB 7 kap 3 §)

förvanskning av urkund
tampering with an instrument (BrB 14 kap 2 §)

förvar police custody

förvaring preventive detention

förverka to forfeit

förverkande forfeiture (of the proceeds of crime '*utbyte av brottet*') (BrB 36 kap 1 §)

förvisa to expel

förvisning expulsion

förvärv acquisition

förvärv av egna aktier share buyback, share repurchase

förvärva to acquire

förvärvsarbeta to work, to be gainfully employed

förvärvsarbetande gainfully employed person

förvärvsarbete gainful employment

förvärvskälla source of income

förvärvstillstånd permit to purchase real estate

67

föräktenskaplig prenuptial

föräldraansvar parental responsibility

Föräldrabalken (FB) (1949:381) Parents and Children Code

Föräldraledighetslagen (1995:584) Parental Leave Act

föräldrapenning parental benefit

förändring amendment

förövare perpetrator

garant guarantor

garanti (1) guarantee

garanti (2) warranty

garantifriskrivning disclaimer of warranty

garantställare guarantor

garantställning furnishing of a guarantee

ge sig to surrender

ge tillstånd to authorize

gemensam joint

gemensam egendom joint property

gemensam vårdnad joint custody

genkärande counterclaimant, counterclaiming defendant

genkäromål counterclaim

genmäla to reply (to a counterclaim)

genmäle reply (the plaintiff's response to the defendant's counterclaim)

genom eget vållande self-inflicted

genomdriva to enforce

genomdriva en lag to enforce a law

genstämning counterclaim

genusköp purchase of generic (fungible) goods (as opposed to a purchase of specific goods '*speciesköp*')

giftermål marriage

giftorätt community property right

giftorättsanspråk right to deferred community property

giftorättsgods deferred community property (of spouses, as opposed to separate property '*enskild egendom*') (ÄktB 7 kap 1 §)

giftorättssystem deferred community property regime

(ÄktB 7 kap)

giltig valid

giltighet validity

giltighetstid period of validity

gisslan hostage

givande av muta active bribery
(BrB 10 kap 5b §)

givare [*av gåva*] donor

god advokatsed ethical
standards for the practice of
law (established by the
Swedish Bar Association
'Sveriges Advokatsamfund')

god lösning favorable
resolution

**god man (1) [*för
bortavarande*]**
representative, special
representative, trustee

**god man (2) [*för underårig
eller annan person*]** court-
appointed guardian

god redovisningssed generally
accepted accounting
principles

god revisionssed generally
accepted auditing standards

god sed best practice

god tro good faith, bona fides

godkänna to accept, to approve

godmanskap trusteeship

godtrosbegreppet the concept
of good faith

godtrosförvärv good faith
acquisition (not 'bona fide
acquisition' which would
mean a 'genuine' one, as
opposed to a fake one)

godtycke (1) arbitrariness

godtycke (2) [*skön*] discretion

godtycklig (1) arbitrary

godtycklig (2) [*skönsmässig*]
discretionary

goodwill goodwill

gottfinnande discretion

gottgörelse indemnification

gottskriva to credit

**grannelagsrätt [*rättsregler
mellan grannar*]** law of
adjoining property

granska (1) to examine

granska (2) [*räkenskaper*] to
audit

granskning examination

granskningsberättelse
auditor's report

69

granskningsdispens leave to appeal based on the need to review the lower court's decision

granskningsman auditor

gratis free of charge

gratisemission stock dividend issue (USA), bonus share issue (UK)

gravation encumbrance

gravationsbevis excerpt from the land register

gripa [*en brottsling*] to arrest

gripande [*av brottsling*] arrest (RB 23 kap 7 §) (a suspect can be held for up to six hours following arrest '*gripande*'; up to four days following detention '*anhållande*'; up to 14 days in pretrial detention '*häktning*')

grosshandel wholesale trade

grossist wholesaler

grov gross

grov culpa gross negligence

grov fridskränkning grave violation of personal integrity

grov misshandel aggravated assault (BrB 3 kap 6 §)

grov oaktsamhet gross negligence

grov stöld aggravated theft (BrB 8 kap 3 §)

grov våldtäkt aggravated rape (BrB 6 kap 1 §)

grov vårdslöshet gross negligence

grovt brott aggravated crime

grovt lydnadsbrott gross insubordination (BrB 21 kap 6 §)

grovt rån aggravated robbery (BrB 8 kap 6 §)

grovt sexuellt tvång aggravated sexual coercion (BrB 6 kap 2 §)

grovt vållande gross negligence

grund för käromålet cause of action

grund för talan cause of action

grund för yrkande cause of action

grunda to found

grundad på based upon

grunder för beslutsförhet quorum

grundlag constitution

grundlagar basic laws (There

70

are four basic laws in Sweden with equal constitutional rank, the most important of which is the Instrument of Government 'Regeringsform').

grundlagsenlig constitutional

grundlagsstridig unconstitutional

grundlön basic salary, basic wages

grupprättegång group action

grupptalan group action (similar to a class action in the USA, but Swedish law does not normally require certification of the group as would be the case in the USA and the losing party is required to pay the winning party's costs, unlike the situation in the USA)

gruvegendom mining property

gränsfall borderline case

gränsmärke boundary mark

gränsutmärkning boundary marking

gränsöverskridande behandling cross-border processing

gå i borgen för to guarantee

gå miste om en rätt to forfeit a right

gård homestead

gårdsarrende farm leasehold

gåva gift

gåvobrev deed of gift

gåvogivare donor

gåvoskatt gift tax (abolished in Sweden as of 2005)

gåvotagare donee

gäld debt

gälda [betala] to pay

gälda böter to pay a fine

gälda en skuld to settle a debt

gäldenär (1) debtor

gäldenär (2) obligor

gäldenärsbrott crime in connection with debts

gäldränta interest on debt

gällande [i kraft] in force, valid, in effect

gällande rätt current law, the law in force

gärning act

gärning eller underlåtenhet act or omission (When an act or omission 'gärning eller underlåtenhet' is a tort, the

71

state allows an action for
damages '*skadeståndstalan*' by
the injured party
'*skadelidande*'.)

gärningsbeskrivning statement
of the criminal act as charged

gärningsman perpetrator,
offender

gärningsmannaskap
perpetrating a crime

gärningsplats scene of the
crime

gärningspåstående statement
of the criminal act

gömställe hiding place

göra anspråk på to claim, to
demand

göra giltig to validate

göra inbrott to break into, to
commit burglary

göra intrång i to infringe

göra intrång i upphovsrätt to
infringe a copyright

göra konkurs to go bankrupt

göra laglig to legalize

göra sannolikt to make a prima
facie case

göra sig skyldig to be at fault

göra sig skyldig till avtalsbrott

to be in breach of contract

göra sig skyldig till ett brott to
commit a crime

göra upp i godo to settle
amicably

ha förhinder to be prevented

handel med inflytande trading
in influence, influence
peddling (BrB 10 kap 5d §)

handelsavtal trade agreement

Handelsbalken (HB)
(1736:01232) Commercial
Code

handelsbolag partnership

handelsbruk trade custom,
trade usage

handelsfastigheter retail
properties

handelsflotta merchant marine

handelsfullmakt commercial
power of attorney

handelskammare chamber of
commerce

handelsregister Commercial
Register

handelsrätt commercial law
(also referred to as 'business
law')

handling (1) [*gärning*] act

handling (2) [*rättsstridig*] tort

handling (3) [*dokument*]
document, record

handlingar proceedings

handlingsdelikt
[*beteendedelikt*] conduct-
based offense (the conduct is
penalized even if it does not
cause harm, such as driving
without a license, as opposed
to a result-based offense
'*effektdelikt*', such as murder,
in which the harm must
occur, i.e., the victim must
die, for it to constitute
murder)

handlingsförmåga capacity to
contract

handlägga to hear, to deal with,
to dispose of

handläggarchef head of law
clerks

handläggare case examiner
(person at the Companies
Registration Office
'*Bolagsverket*' who handles an
incoming matter)

handläggning hearing, trial,
dealing, procedure

**handläggning i parternas
utevaro** hearing in absentia

handpant possessory lien

handpanträtt possessory lien
(The creditor takes
possession of the collateral
until the debt is paid and
therefore does not need to
record his security interest. A
pawnshop '*pantbank*' is an
example of this situation.)

handpenning down payment,
deposit

handräckning (1) assistance
(two types: ordinary
assistance is used to get a
person to vacate property
when the right to occupy it
has terminated, and special
assistance is used to force the
defendant to return illegally
possessed property, or to
unblock a road, etc.)

handräckning (2) summary
proceedings before
enforcement authorities

handräckning (3) provisional
remedy

harmonisering harmonization

hastigt mod without premeditation (as opposed to with premeditation '*med berått mod*')

heder och samvete honor (USA), honour (UK)

helägt dotterbolag wholly owned subsidiary

hemarrest house arrest

hembudsrätt post-transfer acquisition right (shareholder has right to buy back shares transferred to someone else. This is <u>not</u> a right of first refusal '*förköpsrätt*' because a '*hembudsrätt*' takes effect after the shares have been transferred; nor is it a preemptive right '*företrädesrätt*', which refers to the right of existing shareholders to subscribe for a new issue of shares to maintain their percentage interest in the company and thus avoid dilution of their interest) (ABL 4 kap 27 §)

hemfridsbrott violation of the peace of the home (BrB 4 kap 6 §)

hemlig kameraövervakning covert video surveillance

hemlig rumsavlyssning bugging, covert listening

hemlig röstning voting by secret ballot

hemlig teleavlyssning wiretapping (RB 27 kap 18 §)

hemlig teleövervakning covert remote surveillance (RB 27 kap 19 §)

hemlighålla to keep secret

hemligstämpla to classify as strictly secret

hemortskommun place of domicile

hemskillnad legal separation (abolished in Swedish law since 1974)

hemställa to request

hemställa om äktenskapsskillnad to file for divorce

hemul warranty of title

hemulansvar seller's obligation to ensure good title to the property being sold (because only the rightful owner—the

person with good title—can
sell the item) (JB 4 kap. 21 §)

hemulsman legal predecessor
(the seller or transferor from
whom title was acquired or
supposedly acquired)

hemvist domicile, habitual
residence

herrelös sak [*res derelicta*]
thing without an owner

herrelöst verk orphan work (a
copyright protected work for
which rightsholders cannot
be determined or cannot be
contacted)

hets mot folkgrupp agitation
against an ethnic group (BrB
16 kap 8 §)

hindersprövning inquiry into
impediments to marriage
(conducted by the local
office of the Swedish Tax
Agency) (ÄktB 3 kap)

hindrande av förrättning
obstruction of public
function (BrB 17 kap 13 §)

hittegods lost property

hjälpfaktum fact affecting the
weight of evidence

holografiskt testamente
holographic will (handwritten
by the testator without
witnesses present)

hot menace, threat

hot mot tjänsteman
threatening an official (BrB
17 kap 1 §)

**hot som innebär trängande
fara** threat implying
imminent danger

hota to menace, to threaten

hotelsebrev threatening letter

hovrätt court of appeals (USA),
court of appeal (E&W)

hovrättsassessor associate
judge

hovrättsdom decision of a court
of appeals (USA), court of
appeal (E&W)

hovrättsfiskal reporting clerk of
a court of appeals

hovrättslagman division head
of a court of appeals

hovrättspresident chief judge
of a court of appeals

hovrättsråd appellate court
judge, appellate judge

hovrättsting court of appeals

session

husrannsakan house search

husrannsakningsorder search
warrant

huvudansvarig revisor auditor
in charge

huvudbok general ledger

huvudbrott principal offense,
chief offense

huvudförhandling trial (RB 43
kap)

huvudförhör direct examination
(USA), examination in chief
(E&W)

huvudgäldenär principal debtor
(the person whose debt or
other obligation is the
subject of a suretyship
contract or a guaranty
'*borgen*')

huvudkäromål main claim for
relief

huvudman (1) principal (as
opposed to agent)

huvudman (2) client (of a
lawyer)

huvudregel general rule

huvudsakligt
verksamhetsställe principal

establishment

hypotek mortgage

hypoteksbank mortgage bank

hyra (1) to rent

hyra (2) to hire

hyra ut to rent out

hyra ut i andra hand to sublet

hyrans betalning payment of
the rent

hyresavtal lease, lease
agreement

hyresförhållande landlord-
tenant relationship, tenancy

hyresgäst lessee, tenant

Hyresgästernas Sparkasse-
och Byggnadsförening
(HSB) Tenants' Savings and
Loan (a cooperative housing
association)

hyreshöjning rent increase

hyreskontrakt lease, lease
agreement

hyreslägenhet rental apartment

hyresmarknad rental market

hyresminskning rent
abatement

hyresnämnd rent tribunal

hyresobjekt rented property,
rental property, leased

76

premises

hyresreglering rent control

hyresråd rent tribunal judge

hyresrätt leasehold

hyresskuld arrears of rent

hyrestid lease term, term of the

lease

hyrestillägg rent surcharge

hyresvåning rental apartment

(USA), rented flat (UK)

hyresvärd lessor, landlord

hyresvärde rental value

hålla skadelös to indemnify and

hold harmless

häftig violent

häkta to detain, to take into

custody

häktad detained person,

detainee

häkte custody

häktning pre-trial detention (of

an accused) (USA), remand

in custody (E&W)

häktningsbeslut pre-trial

detention order (USA), order

for remand in custody

(E&W)

häktningsförhandling hearing

on pre-trial detention (USA),

hearing on a remand in

custody (E&W)

häktningstid period of remand

in custody

hälare receiver of stolen goods,

"fence"

häleri handling stolen goods

(BrB 9 kap 6 §)

häleriförseelse receiving stolen

goods (BrB 9 kap 7 §)

hälsovård public health

hälsovårdsnämnd municipal

health committee

hämtningsköp cash-and-carry

purchase

händelse event

hänskjuta en fråga to refer an

issue (to another court) (RB

56 kap 13 §)

hänskjutande domstol

referring court

hänsynslös reckless

hänsynslöshet cruelty (which is

an aggravating circumstance

that could result in a more

severe sentence)

här nedan kallad hereinafter

referred to as

härmed hereby

härskande fastighet [*i servitut*] dominant tenement (land in favor of which an easement is created on the servient tenement)

härstamning parentage

häva avtal to terminate an agreement, to terminate a contract, to rescind a contract, to rescind an agreement

hävande termination, rescission

hävd adverse possession

hävda to maintain, to state

hävningsklausul termination clause

hävningsrätt right to terminate, right of termination

högförräderi high treason (BrB 19 kap 1 §)

högmålsbrott crime of lèse-majesté

högre instans appellate court

högskola university

Högsta domstolen Supreme Court

Högsta förvaltningsdomstolen Supreme Administrative Court

hörande till saken relevant

hörsägen hearsay

i andra hand alternatively

i bedräglig avsikt with an intent to defraud

i befintligt skick as is

i behörig ordning properly, duly

i dess ändrade lydelse as amended

i dess ändrade lydelse enligt as amended by

i egenskap av in his/her capacity as

i förening jointly

i god tid well in advance

i god tro in good faith

i ond tro in bad faith

i onödan without reason, without cause

i strid mot bestämmelser at variance with the regulations

i tillämpliga delar where relevant, wherever applicable

iaktta to observe

iakttagande observance

ianspråktagande av bankgarantier enforcement of bank guarantees

78

icke-devolutiva rättsmedel motion for reconsideration of a court's ruling (as opposed to appealing it to a higher court)

icke gällande inoperative

icke verkande inoperative

ideell förening nonprofit organization

ideell skada non-financial damage

ideellt skadestånd damages for mental pain and suffering

identikit composite drawing (of a criminal suspect)

idka rörelse to conduct business, to transact business

ikläda sig ansvaret för något to assume responsibility for something

ikraftträdande entry into force, taking effect, effective date

illegal handel illicit trade

illojal konkurrens unfair competition

illvilja malice

illvillig malevolent

immaterialrätt intellectual property law

immateriell sak intangible thing ('immaterial' means 'insignificant' in English)

immateriella tillgångar intangible assets ('immaterial' means 'insignificant' in English)

immateriella tjänster intangible services ('immaterial' means 'insignificant' in English)

inarbetat varumärke established trademark (USA), established trade mark (UK)

inblandad i ett brott implicated in a crime

inbrott burglary

inbrottstjuv burglar

inbördes testamente joint will (usually between spouses, each of whom leaves everything to the other spouse)

indela to divide

indelning division

indexering indexation

indexklausul index clause

indexuppräkning indexation

indexändringar av underhållsbidrag index-

79

linking of maintenance
allowances

indiciebevisning circumstantial
evidence

indicier circumstantial evidence

indicium piece of circumstantial
evidence

indirekt bevisning
circumstantial evidence

indirekt skada indirect damage

indispositivt mål case not
amenable to out-of-court
settlement

indispositivt tvistemål case not
amenable to out-of-court
settlement

indossament [*endossement*]
indorsement (USA),
endorsement (UK) (of a
draft or bill of exchange)

indossatarie indorsee (USA),
endorsee (UK)

indragning revocation,
withdrawal

indriva (t.ex. böter) to collect

indrivning collection

indrivningsbar enforceable

indrivningskostnader
collection costs

inexigibel unenforceable

infinna sig to attend

informationsblad fact sheet

informationssamhällets
tjänster information society
services

inför sittande rätt in open court

införlivande transposition (into
national law pursuant to an
EU directive)

införsel (1) [*av varor*] import

införsel (2) [*i lön*] garnishment
of wages (USA), attachment
of earnings (E&W) (the term
'*införsel*' has been replaced by
'*utmätning av lön*' and is no
longer used in Swedish law)

**inge stämningsansökan till
tingsrätten** to apply to the
court for a summons, to file
a summons application with
the court

ingress preamble, recitals

ingripande intervention

ingå avtal to enter into a
contract

ingå borgen to furnish a
guarantee

ingå förlikning to settle a

dispute (as opposed to having the court decide the dispute)

ingå i svaromål to answer (a complaint)

ingående av avtal contract formation

inhemsk domestic

inhibera to stay execution

inhibition stay of execution

inhämta yttrande från to obtain a statement from

inkassera to collect (a debt)

inkasso debt collection

inkassobyrå debt collection agency

inkassokrav debt collection demand

inkomst income, revenue

inkomst av kapital unearned income

inkomst av tjänst earned income

inkomstbeskattning income taxation

inkomstförlust lost income

inkomstkälla source of income

inkomstskatt income tax

inkomsttagare income earner

inkräkta to encroach, to infringe, to trespass

inkvisitoriska principen, den the inquisitorial principle

inlaga pleading

inlaga i rättegång plea, pleading

inleda (t.ex. rättegång) to initiate

inledning introduction

inlämna genom bud to deliver by messenger

inlämnande presentation

inlösa (pant) to redeem

inlösen redemption

inlösensbelopp purchase price

inneha to hold, to possess

innehav holding, possession

innehavare bearer, holder, possessor, owner

innehavare av panträtt i fast egendom holder of a mortgage lien

innehavare i god tro holder in due course

innehavarskuldebrev bearer note

inom föreskriven tid within the prescribed time

81

inom stängda dörrar in camera (USA), in private (E&W)

inomobligatoriskt skadestånd contractual damages, damages to be paid for breach of contract

inomstatlig rätt internal law of a state

inre farvatten inland waters

inre marknad internal market

inregistrera register

insats amount invested

insatslägenhet cooperative apartment (A cooperative is a corporation which holds title to the land and building. Each coop owner has shares of stock in the corporation which corresponds to an equivalent proprietary lease of his or her apartment space)

insiderhandel insider trading

insiderregler insider trading rules

inskriva to register

inskrivning registration

inskrivningsdel registration section (one of the five sections of the Real Property Register '*Fastighetsregistret*')

inskrivningsdomare land court registrar

inskränka to circumscribe, to restrict

inskränkning restriction

insolvent insolvent

inspärra to confine

instansordning court hierarchy

Institutet mot Mutor (IMM) Swedish Anti-Corruption Institute

inställa to stay, to suspend

inställa sig inför domstolen to appear in court

inställa sig personligen to appear in person, to enter a personal appearance

inställande stay, suspension

inställelse appearance, attendance

instämma i to concur

insända med post to deliver by mail

inta (1) [*på sjukhus*] to admit

inta (2) [*på fångvårdsanstalt*] to commit

intagande (1) [*på sjukhus*]

82

admission

intagande (2) [*i*
** *fångvårdsanstalt*]**
  commitment

intagen [*i fångvårdsanstalt*]
  prisoner, inmate

inteckna to mortgage

inteckning mortgage

inteckningsborgenär
  mortgagee

integrationsklausul "entire
  agreement" clause, merger
  clause (clause indicating that
  the document contains the
  entire agreement between the
  parties and that all prior
  negotiations are 'merged' into
  the document)

interimistisk skiljedomare
  emergency arbitrator

interimistiskt beslut
  interlocutory order,
  interlocutory decree

intermistisk interim, temporary

internationell handelsrätt
  international trade law

internationell lagstiftning om
  mänskliga rättigheter
  international human rights

law

internationell privaträtt
  conflicts of law (USA),
  private international law
  (UK)

internavkastning internal rate
  of return (IRR)

internprissättning transfer
  pricing

intervenera to intervene

intervenient intervenor (RB 14
  kap 9 §)

intressekonflikt conflict of
  interests

intrång (1) trespass,
  encroachment

intrång (2) [*i patent,*
  ***varumärke*]** infringement

intrång i datasystem unlawful
  access to or manipulation of
  a computer system,
  "hacking" (BrB 4 kap 9c §)

intrång i förvar intrusion into a
  depository under seal (BrB 4
  kap 9 §)

intrång i immateriella
  rättigheter infringement of
  intellectual property rights

intrång i upphovsrätt copyright

infringement

intrång i varumärkesrätt
trademark infringement
(USA), trade mark
infringement (UK)

inträde admission

intyg certificate

intyga to affirm, to certify

intäktsredovisning revenue
recognition

invaliditet disability

invaliditetsersättning disability
allowance

invaliditetstillägg disability
supplement

invandra to immigrate

invandrare immigrant

invandring immigration

inventarier equipment (this is a
false friend since 'inventory'
means '*lager*' in Swedish)

invända to object

invändning objection, defense

invändning om motfaktum
affirmative defense

jakande affirmation

jaktkort hunting license

jaktlagstiftning game laws

jakträtt hunting rights

Jordabalken (JB) (1970:994)
Real Property Code

jordbruksarrende agricultural
leasehold

jordbruksfastighet agricultural
property

jordägare landowner

jourhavande on duty

judiciell judicial

juridik law

juridisk legal

juridisk bana legal profession

juridisk fackterm legal term of
art

juridisk fakultet law school
(USA), law faculty (UK) ('law
faculty' in USA refers to the
professors at a law school)

juridisk hjälp legal advice

juridisk person legal entity

juridisk process lawsuit

juridisk rådgivare legal advisor

juridisk tolkning legal
interpretation, legal
construction (of a law or
contract)

juridisk utbildning legal
training

juridisk utlåtande legal opinion

84

juridisk vårdnad legal custody

juridiskt begrepp legal concept

juridiskt bistånd legal aid

juridiskt ombud attorney, legal representative

jurist lawyer, law school graduate (USA), law graduate (UK) (this is a false friend because 'jurist' in American English usually refers to judges or well respected lawyers, while in British English it refers to prominent legal scholars)

juristdomare professional judge (legally trained judge, as opposed to a lay judge)

jury jury

jurydomstol (1) [*institution*] trial by jury

jurydomstol (2) [*konkret*] judge-and-jury court

juryman juror

jurys avgörande verdict

justera protokollet to verify the minutes

justering av talan claim adjustment

justering av åtal adjustment of the charges

justeringsman examiner of the minutes, person who verifies the minutes of a meeting

Justitiedepartementet Ministry of Justice (*official English name*), Justice Department (*US counterpart*)

Justitiekanslern (JK) Solicitor General (*US counterpart*) (government's advocate who presents the government's cases and watches over its interests)

Justitieminister Minister of Justice (*official English name*), Attorney General (*US counterpart*)

justitiemord miscarriage of justice (e.g. punishing an innocent person)

Justitieombudsman (JO) Parliamentary Ombudsman

justitieråd supreme court justice (supreme court judges are referred to as "justices")

justitiesekreterare judge referee

jämförande rättsvetenskap comparative law

85

jämkning av oskäliga

avtalsvillkor modification

of unfair contract terms

(AvtL 3 kap 36 §)

jämkning av skadestånd

adjustment of unreasonable

damages

jämkning av skatt tax

adjustment

jämte ränta plus interest

jäv disqualification

jäva to challenge

jävig disqualified

jävsanledning ground for

disqualification

jävsinvändning objection of

disqualification

kalkylränta discount rate

kalla [*till domstol*] to summon,

to subpoena

kallelse (1) [*att inställa sig för*

***domstol*]** subpoena

kallelse (2) notice

kallelse av vittne subpoena of a

witness (USA), witness

summons (E&W) (RB 36

kap 7 §)

kallelse på okända borgenärer

notice to unknown creditors

kallelse till extra

bolagsstämma notice of a

special meeting of

shareholders

kallelse till ordinarie

bolagsstämma notice of an

annual meeting of

shareholders (USA), notice

of an annual general meeting

(UK)

kameral fiscal

kammarrätt administrative

court of appeals

kammarrättsassessor associate

judge

kammarrättsfiskal law clerk

kammarrättslagman senior

judge of appeals, division

head

kammarrättspresident chief

judge of administrative court

of appeals

kanonisk rätt canon law

kansli filing office, court of

clerk's office

kanslidom judgment not

handed down at the end of

trial, but available two weeks

later in writing in the court

of clerk's office

kapitalbelopp principal amount (of a loan)

kapitalvinst capital gain

kapning hijacking (BrB 13 kap 5a §)

karensdag day of unpaid sick leave

karenstid waiting period, qualifying period

kartell monopoly

kaskoförsäkring casualty and collision insurance

kassa och bank cash on hand and in banks

kassaskåp safe

kassaskåpsinbrott safebreaking

kausal causal

kausalförhållande causal relation

kausalitet causation (causal relationship between the defendant's conduct and the end result)

klaga to complain

klagan (1) [klagomål] complaint

klagan (2) [besvär] appeal

klagande appellant (as opposed

to the appellee or respondent '*motpart*')

klagotid appeal period, deadline for appeal

klander av bolags-stämmobeslut challenge to a shareholders' resolution

klander av skiljedom challenge to a divorce

klander av testamente challenge to a will

klandervärd blameworthy

klandra testamentet to challenge a will

klyvning partitioning (of real property into lots)

kodicill codicil (an attachment to a will)

kodifiera to codify

kodifiering codification

kollation bringing into hotchpot (taking into account advances on an inheritance '*förskott på arv*' given to the heir during the decedent's lifetime)

kollegial domstol bench of judges, court composed of several judges

Kollegiet för svensk bolagsstyrning Swedish Corporate Governance Board

kollektivavtal collective bargaining agreement

kollisionsnormer [*lagvalsregler*] choice-of-law rules

kollusionsfara risk of tampering with evidence

kommanditbolag (KB) limited partnership

kommanditdelägare limited partner (partner with limited liability as opposed to a general partner '*komplementär*')

kommissionär commission agent (buys or sells on commission)

kommittent principal (as opposed to agent '*kommissionär*')

kommunal förköpsrätt municipality's right of first refusal

komplementär general partner (partner with unlimited liability as opposed to a limited partner '*kommanditdelägare*')

komplettering supplementation of a judgment or order (RB 43 kap 14 §) (an amendment to make a judgment or order complete. Can only be made when the court has neglected to decide an issue that should be been decided in the judgment)

koncentrationsprincipen principle of concentration (whereby the parties, their lawyers and the judge are all brought together at a certain time and place in order to perform, once and for all, that part of the civil proceeding that requires their joint participation, i.e., the trial '*huvudförhandling*'. This principle governs in Sweden and the United States.)

koncern group of companies (consisting of a parent company '*moderbolag*' and subsidiaries '*dotterbolag*')

koncernredovisning

consolidated financial statements

konfiskera to confiscate

konfrontera [*ställa ansikte mot ansikte*] to confront

konkludent handling implied consent (consent is implied by the person's conduct)

konkurrens competition

konkurrensbegränsning restraint of trade

konkurrensutsatt upphandling competitive bidding (USA), competitive tendering (UK)

konkurs bankruptcy (The term 'bankruptcy' is used with respect to both persons and entities in the USA, but only with respect to persons in E&W, while entities in the UK are said to be 'insolvent'.)

konkursansökan bankruptcy petition

konkursbeslut adjudication in bankruptcy

konkursbo bankruptcy estate

konkursed oath on the accuracy of a bankrupt estate

inventory

konkursförfarande bankruptcy proceedings

konkursförvaltare trustee in bankruptcy (as opposed to the administrator *'rekonstruktör'* of a reorganization to avoid bankruptcy)

konkursgäldenär bankrupt debtor

konkurshinder impediments to bankruptcy (KonkL 2 kap 10 §)

konossement bill of lading

konsekvent consistent

konsensualavtal consensual contract (there are no formal requirements (does not have to be in writing) and the contract is perfected by the mere assent of the parties, as opposed to a *'realavtal'* or *'formalavtal'*)

konstituerande stämma organizational meeting (USA), statutory general meeting (UK) (to form a company)

konstitutionell rätt
constitutional law

konsumentskydd consumer
protection

Konsumentverket Swedish
Consumer Agency

**kontakt med barn i sexuellt
syfte** contact with a child
for a sexual purpose,
"grooming" (BrB 6 kap
10a §)

kontaktskyldighet duty of a
young person to maintain
contact

kontant betalning cash
payment

kontant nybildning formation
of a company with cash
contributions (as opposed to
formation with contributions
in kind '*apportbildning*')

kontantemission share issue
for cash (as opposed to an
issue for contributions in
kind '*apportemission*')

kontantköp payment in
exchange for delivery (not
necessarily payment in cash)

kontorörelser account activity

**kontradiktoriska principen,
den** the adversarial principle

kontrahent contracting party

kontraheringsförbud
prohibition on contracting

kontraheringsplikt legal duty to
enter into a contract under
certain circumstances

kontrakt contract

kontraktets parter parties to
the contract

kontraktsbrott [*avtalsbrott*]
breach of contract

kontraktsforum place of
contract

kontraktsprincipen contract
theory of obligations (legal
principle in USA and E&W
whereby a promise or offer is
not binding until it is
accepted, as opposed to the
unilateral act theory of
obligations '*löftesprincipen*' in
Swedish law where a promise
or offer is binding when it is
made)

kontraktsvård probation
subject to treatment for
addiction (the offender

enters into a contract
agreeing to treatment)

kontrasignera to countersign

konvention convention
(agreement between two or
more countries)

konventionell contractual (a
'*konventionell panträtt*' is a lien
established by contract,
whereas a '*legal panträtt*' is one
established by statute)

konvertibelt skuldebrev
convertible debt instrument

koppleri procurement of sexual
services (BrB 6 kap 12 §)

korsad check crossed cheque
(UK) (a check with two
parallel lines across its face
indicating that it must be
paid into a bank account and
not cashed over the counter.
This type of check is not
used in the United States,
although it is similar to
writing "for deposit only" on
the back of a check, but it is
extensively used in England,
where it is recognized by
law.)

korsförhör cross examination
(RB 36 kap 17 §)

korsförhöra to cross examine

kortfristiga placeringar short-
term investments

kost och logi room and board

**kostnader för material och
arbetskraft** cost of materials
and labor (cost 'of' not cost
'for')

kostnadsersättning
reimbursement of expenses

krav demand, claim

kredit credit

kreditera to credit

kreditgivning lending

kreditkassa credit union

kreditköp credit buying,
purchase on credit

kreditocker usury, loan sharking

kredituppföljning credit
monitoring

krigsanstiftan instigation of war
(BrB 19 kap 2 §)

krigsförbrytelse war crime

krigstillstånd state of war

kriminalregisterbrott crime for
which a sanction is imposed
that must be registered in the

General Criminal Register

kriminalregisterpåföljd
sanction that must be
registered in the General
Criminal Register

kriminalregistret the General
Criminal Register

kriminalstatistik crime statistics

kriminalvård correctional
treatment

kriminalvård i anstalt
institutional treatment of
offenders

kriminalvård i frihet non-
institutional treatment of
offenders

Kriminalvården Swedish Prison
and Probation Service

kriminalvårdsanstalt jail, penal
institution, correctional
facility

kriminalvårdssystem prison
system

kriminell criminal

kriminolog criminologist

kringgående evasive

kronofogde enforcement officer

**Kronofogdemyndigheten
(KFM)** Enforcement

Authority (handles debt
collection, distraint and
evictions)

kroppsbesiktning body and
body cavity search

kroppsskada bodily injury

kroppsvisitation body search,
strip search

kryptovaluta cryptocurrency

kränka (1) [förolämpa] to
insult

kränka (2) [förorätta] to injure

kränka (3) [lag] to violate

kränkning (1) [förolämpning]
insult, wrong

kränkning (2) [förorättande]
violation (nonpecuniary
harm to the person's
integrity)

kränkning (3) [av lag]
violation

kränkning av privatlivet
invasion of privacy

kränkte, den the injured person

kräva to claim

**kräva någon i rättegång på
betalning** to sue someone
for payment

kumulation joinder (of claims, parties, offenses)

kumulera to join, to consolidate

kundfordringar accounts receivable

kundkännedom know-your-customer (KYC), customer due diligence

kungöra to announce, to notify

kungörelse decree

kungörelsedelgivning service by publication (in a newspaper when the defendant's whereabouts are unknown)

Kustbevakningen Coast Guard

kutym [sedvänja] custom

kvarhålla to detain

kvarlåtenskap estate (of a decedent USA, deceased person UK)

kvarskatt tax arrears

kvarstad (1) provisional attachment (of a debtor's assets) (RB 15 kap.)

kvarstad (2) sequestration (of a suspect's assets to cover his or her liability to pay fines) (RB 26 kap.)

kvarstadsrätt lien

kvarterspolis city-block police

kvittning set-off

kvittningsinvändning defense of set-off

kvittningsrätt right of set-off

kvittningsyrkande set-off claim, claim for set-off

kvitto receipt

kyrklig samfällighet federation of parishes (referred to since 2014 as '*pastorat*')

kyrkobokförd i X registered in the parish of X

kyrkobokföring parish registration

kyvningsfastighet partitioned property unit

källskatt withholding tax

kännedom notice

kärande (1) [*i tvistemål*] plaintiff (USA), claimant (E&W)

kärande (2) [*i skiljeförfarande*] claimant

kärandens yrkande relief sought by the plaintiff

käromål complaint (USA), statement of claim,

particulars of claim (E&W)
(document whereby civil
proceedings are instituted)

köp purchase

köp av sexuell handling av barn purchase of sexual act by a child (BrB 6 kap 9 §)

köp av sexuell tjänst purchase of sexual service (BrB 6 kap 11 §)

köpa to buy, to purchase

köpare buyer, purchaser, vendee

köpeavtal contract of sale

köpebrev bill of sale (When real property is sold in Sweden, the contract must be filed with the Real Property Register '*Fastighetregistret*' and is available to the public. Therefore, the parties usually enter into a bill of sale '*köpebrev*' that can be filed, in addition to the actual contract of sale with all the terms and conditions, which is not filed and remains private.)

köpekontrakt contract of sale

köpeskilling purchase price

lag law, act, statute

laga legal, lawful

laga domstol [*behörig domstol*] court of competent jurisdiction

laga fång legal acquisition (the ways of legally acquiring ownership of something fall into three groups: original acquisition '*originära fång*', derivative acquisition '*derivitiva fång*' and acquisition by extinction '*exstinktiva fång*')

laga förfall legal excuse (for failure to comply with deadline)

laga kraft force of law

laga åtkomst lawful acquisition

lagakraftbevis legal validity certificate

lagakraftvunnen legally binding

lagakraftvunnen dom final and nonappealable judgment, judgment that is res judicata, judgment that has become res judicata

lagakraftvunnet beslut final and nonappealable order

lagbud statute

lagenlig legal, lawful

lagenligt lawfully, statutorily

lagens efterlevnad law enforcement

lagens syfte purpose of the law

lager inventory (USA), stock (UK) (since 'stock' also refers to 'shares' in American English, it not commonly used to mean 'inventory' except in 'out of stock'/'in stock')

lagfaren domare legally trained judge (as opposed to a lay judge)

lagfaren ägare registered owner

lagfart registration of title

lagfartsansökan application for title registration

lagföra to sue

lagförslag bill (a draft law)

lagkonflikter conflicts of law

laglig legal, lawful

laglig befogenhet lawful authority

laglig domstol competent court, court of competent jurisdiction

lagligen fastställd rättsordning due process of law

laglighet legality

lagligt betalningsmedel legal tender

lagligt förfall lawful excuse, lawful absence

laglott statutory share, statutory portion (of inheritance) (ÄB 7 kap 1 §)

laglydig law-abiding

laglydnad obedience to the law

laglös lawless

lagman (1) [*i hovrätt*] division head of a court of appeals

lagman (2) [*i tingsrätt*] chief judge of a district court

lagparagraf section (§) of a law

lagprövningsrätt judicial review

lagrum section (§) of a law

lagrådet Council on Legislation (a body primarily composed of supreme court and supreme administrative court justices whose function is to rule on the validity of legislative proposals at the request of the government or a parliamentary committee)

lagspråk legal language, legalese

lagstadgad fixed by law, statutory

lagstifta to legislate

lagstiftande legislative

lagstiftande församling legislature

lagstiftande makt legislative power

lagstiftare legislator

lagstiftning legislation

lagstridig unlawful

lagsökning legal actions, legal proceedings

lagterm legal term

lagtext text of a law

lagtolkning interpretation of statutes, statutory interpretation, statutory construction

lagvalsregler [*kollisionsnormer*] choice-of-law rules

lagändring amendment of a law

lagöverträdare offender, violator

lagöverträdelse violation of the law

landsförräderi treason (BrB 22 kap 1 §)

landshövding provincial governor

Landsorganisationen Swedish Confederation of Trade Unions

landsskadlig vårdslöshet reckless conduct detrimental to national security (BrB 22 kap 3 §)

landssvek treacherous conduct (BrB 22 kap 2 §)

Lantmäteriet Swedish Mapping, Cadastral and Land Registration Authority

lease financial lease

leasegivare lessor (in a financial lease)

leasetagare lessee (in a financial lease)

ledamot av rätten member of the court

ledande befattningshavare senior executive

ledande fråga leading question (one that suggests the answer)

ledighet leave of absence

ledningsgrupp management team

96

ledningsrätt utility easement

legal presumtion statutory presumption (e.g. presumption that the husband fathered a child born in wedlock)

legaldefinition statutory definition

legalisera to legalize

legalitetsprincipen the principle of legality (conduct not previously defined as criminal cannot be considered a crime) (RF 2 kap 10 §)

legat legacy (ÄB 11 kap 10 §)

legatarie legatee (recipient of a bequest under a will)

legitim legitimate

legitimationskort identity card

legitimera to legitimate, to authorize

lekman layperson

lekmannadomare lay judge

leveransavtal supply agreement

leveranstid lead time (between placing an order and receiving the goods)

leverantör supplier

leverantörsskulder accounts payable

levnadsförhållanden living conditions

levnadskostnader living expenses

lex naturae the law of nature

lex naturalis natural law

licens license

licensavtal license agreement

licensgivare licensor

licensinnehavare licensee

lidande suffering, injury

lidande som någon tillfogat annan suffering inflicted on someone by somebody

lik body, corpse

lika röstetal tied vote

likbesiktning post-mortem examination

likhet inför lagen equal protection of the law (RF 1 kap 9 §)

likvid (1) *n* payment

likvid (2) *adj* liquid, solvent

likvidation liquidation (the company went into liquidation '*bolaget trädde i likvidation*')

likvidator liquidator

likvidera en skuld to settle a debt

likvidera ett aktiebolag to liquidate a company

likviditet liquidity

lindra to mitigate

lindrigare brott misdemeanor

lindring mitigation

litispendens pendency of an action

livförsäkring life insurance

livförsäkringsbolag life insurance company

livränta annuity

livstestamente living will

livstids fängelse life imprisonment

livstidsfånge life prisoner

livstidsstraff life sentence

ljudupptagning audio recording

lojal konkurrens fair competition

lojalitetsplikt duty of loyalty

lokal business premises (for either retail space *'butiksyta'* or office space *'kontorsyta'*, as opposed to a residential

premises *'bostad'*)

lokal behörighet territorial jurisdiction (similar to concept of venue in American civil procedure)

lokala föreskrifter local regulations

lokalens användning use of the premises

lokalens skick condition of the premises

lotta ett mål på ngn to randomly assign a case to someone

lottning av mål random assignment of cases

lucrum cessans lost profits

lyckta dörrar in camera (USA), in chambers (USA), in private (E&W)

lydelse wording (shall read as follows *'ska ha följande lydelse'*)

lyder som följer reads as follows

lydnadsbrott insubordination (BrB 21 kap 5 §)

lysning till äktenskap banns of matrimony (no longer required in Sweden since

1968)

lyte och men physical pain and suffering

lånelöfte loan commitment

låneväxel accommodation bill (signed by one person to help another get a loan)

långivare lender

låntagare borrower

läge location (of property)

lägenhet (1) unit (dwelling + land)

lägenhet (2) dwelling, apartment

lägenhetsarrende apartment lease

lägga ned förundersökningen to discontinue a preliminary investigation without prosecuting (RB 23 kap 4a §)

lägga ned åtal to withdraw a charge

lägga till handlingarna to add to the file

läkarintyg medical certificate, doctor's certificate

läkarundersökning medical examination

lämna talan utan bifall to find

for the defendant

län county

länspolis county police

länsstyrelse County Administration

länsåklagare county prosecutor

löftesprincipen unilateral act theory of obligation (principle of Swedish law whereby a promise or offer is binding on the promisor or offeror, as opposed to the contract theory of obligations '*kontraktsprincipen*' in the USA and E&W whereby a promise or offer is not binding until it is accepted)

lögndetektor lie detector

löneförhandlingar pay talks

lönesättning setting of salaries

löpande skuldebrev negotiable instruments

löpande verksamhet operating activities

lös egendom personal property

lös vikt bulk

lösa en inteckning to redeem a mortgage

99

lösa en tvist to resolve a dispute, to adjudicate a dispute (avoid translating as 'settle a dispute' which suggests '*ingå en förlikning*')

löseskilling purchase money

lösesumma purchase price, purchase money

lösningsrätt right of redemption, right to buy back, right to repurchase

lösöre personal property (as opposed to real property '*fast egendom*')

lösörepant pledge, security interest in personal property

maka, make spouse

maktfördelning separation of powers

maktfördelningsläran separation of powers doctrine

mala fides bad faith

mandant principal

mandat (1) power of attorney

mandat (2) authorization

mandatperiod term of office

mandattid term of office

mark land

marklov site improvement permit

Marknadsdomstolen (MD) Market Court (existed from 1972 to 2016; replaced by Patent- och Marknadsdomstolen)

marknadshyra market rent

marknadsmässiga löner competitive salaries

Marknadsrådet Marketing Board

maskiner och inventarier machinery and equipment

maskopi collusion

massaborgenär creditor with claim against the bankruptcy estate

massafordran claim against the bankruptcy estate (rather than the bankrupt debtor)

massagäld debt of the bankruptcy estate

massaskuld debt of the bankruptcy estate

materiell substantive ('material' in legal English means 'significant')

materiell rätt substantive law

(as opposed to procedural law '*formell rätt*')

materiell rättskraft binding effect of a judgment on subsequent lawsuits involving the same legal question (as opposed to '*formell rättskraft*', which is the judgment's no longer being subject to appeal)

materiella anläggnings-tillgångar property, plant and equipment (PP&E)

med förbehåll för ev. fel och förbiseenden errors and omissions excepted (E&OE)

med förbehåll för tidigare försäljning subject to prior sale

med förbehåll för våra rättigheter without prejudice to our rights

med kort varsel at short notice

med omedelbar verkan with immediate effect

med senare ändringar as subsequently amended

med sunt och fullt förstånd being of sound and disposing mind and memory

med åberopande av in reliance upon

medarbetare employee, coworker, fellow worker

medarvinge co-heir

medbestämmande co-determination right (under collective bargaining agreements)

medborgare citizen

medborgarskap citizenship

medborgerliga rättigheter civil rights

medbrottsling accomplice

meddela dom to pronounce judgment, to hand down a judgment, to enter judgment

meddela tredskodom to enter a default judgment (RB 17 kap 9 §)

meddelande av dom pronouncement of judgment, rendering of judgment, handing down of a judgment (in writing within two weeks of the trial '*huvudförhandling*' cf. *avkunnande av dom*)

medge (1) [*erkänna fakta*] to

admit

medge (2) [*käromål, yrkande*]
to concede

medge (3) [*samtycka till*] to
consent to

medge (4) [*tillåta*] to allow,
grant, permit

medgivande (1) [*av käromål,
yrkande*] concession

medgivande (2) [*erkännande
av fakta*] admission

medgivande (3) [*samtycke*]
consent, granting, permission

medgärningsman co-
perpetrator

medhjälp aiding and abetting
crime

medhjälpare accomplice,
accessory after the fact

medla to mediate

medlare mediator

medling (1) mediation (RB 42
kap 17 §)

medling (2) [*i äktenskapstvist*]
reconciliation

Medlingsinstitutet Swedish
National Mediation Office

medpart co-party

medsvarande co-defendant

medverka till skada to
contribute to an injury

medverkan till brott complicity
(involvement in a criminal
act, in one of three ways: as
perpetrator '*gärningsman*', as
instigator or accessory before
the fact '*anstiftare*' or as
accomplice or accessory after
the fact '*medhjälpare*')

medveten culpa recklessness

medvetet knowingly, with
scienter

medvållande contributory
negligence

mellandom interlocutory
judgment

mellaninstans intermediate
court of appeals (USA),
intermediate court of appeal
(E&W)

mellanmansrätt law of agency

mellanstatlig intergovernmental

men (1) [*nackdel*] detriment,
disadvantage

men (2) [*skada*] injury

mened perjury (BrB 15 kap 1 §)

menedare perjurer

mening opinion

mervärdeskatt value-added tax (VAT)

mestbjudande highest bidder

migrationsdomstol migration court

Migrationsverket Swedish Migration Agency

Migrationsöverdomstolen Migration Court of Appeals

mildra [*ett straff*] to reduce

miljö environment

Miljöbalken (1998:808) Environmental Code

miljödomstol environmental court

miljökonsekvensbeskrivning environmental impact assessment (EIA)

miljömål environmental case, matter, issue

miljörätt environmental law

minderårig minor, underage (anyone under age 18 in Sweden)

minderårighet minority

minoritet minority

missbruk (1) [*av förtroende*] abuse

missbruk (2) [*felaktig användning*] misuse

missbruk av dominerande ställning misuse of a dominant position

missbruk av larmanordning misuse of an alarm system (BrB 16 kap 15 §)

missbruk av urkund misuse of a document (BrB 15 kap 12 §)

missbruka (1) to abuse

missbruka (2) to misuse

missfirma to insult

missfirmelse insult

missförhållande (1) disproportion, disparity, incongruity

missförhållande (2) unsatisfactory state of affairs

missförstånd misunderstanding

misshandel assault (BrB 3 kap 5 §)

misshandla to assault

misskötsamhet misbehavior

misskötsel mismanagement, neglect

missnöjesanmälan notice of intention to appeal (RB 49

kap 4, 6, 11 §)

misstag mistake (in connection with contract bargaining)

misstanke suspicion

misstänka (1) to suspect

misstänka (2) to apprehend

misstänkte, den the suspect

mobbning bullying

moderbolag parent company

mora [*dröjsmål*] delay

mord murder (BrB 3 kap 1 §)

mordbrand arson (BrB 13 kap 1 §)

mordbrännare arsonist

mordförsök attempted murder

mordåtal murder indictment, murder charge

mot versus (abbreviated as 'v.' in case names in English; Swedish often uses the symbol ./. to mean 'versus')

mot bättre vetande against one's better judgment

motbevisa to refute

motbevisbar presumtion rebuttable presumption

motbevisning rebutting evidence

motfaktum affirmative defense

motförhör cross examination

motförhöra to cross examine

motgaranti counter-guarantee

motion [*lagförslag*] private member's bill (as opposed to a government bill)

motiv motive, reason

motpart (1) [*i tvistemål*] opposing party, adverse party

motpart (2) [*avtal*] other party (to the contract)

motprestation consideration (bargained-for exchange in a contract)

motsträvigt vittne hostile witness

mottagningserkännande acknowledgment of receipt

motvilligt vittne hostile witness

muddra to frisk, to pat down

muntlig oral

muntlig förberedelse preparatory hearing

muntlig handläggning hearing

muntlighet orality of the proceedings

muntlighetsprincipen principle of orality, principle of oral proceedings (whereby court proceedings are conducted orally rather than in writing)

muntligt orally, verbally

muntligt testamente nuncupative will (oral will in the presence of two witnesses)

mutbrott bribery

myndig of age, of legal age

myndiga personer persons of legal age

myndighet authority

myndighetsföreskrifter statutory instruments (rules enacted by administrative agencies or local authorities)

myndighetsutövning exercise of public authority

myndighetsålder legal age, age of majority

myndling ward

myteri mutiny (BrB 16 kap 6 §)

mål [*vid domstol*] case

mål under prövning case at bar

målavverkning reduction of case backlog

målets handläggning hearing of the case, trial of the case

målhantering case management

målsman custodian (an antiquated word for '*vårdnadshavare*')

målsägande (1) injured party, aggrieved party, victim (The injured party may join '*biträda*' the prosecution in the criminal proceeding and his or her civil claims may be heard and decided together with the criminal case, whereas in the US, the injured party cannot file a civil suit until after the criminal lawsuit is over.)

målsägande (2) private prosecutor

målsägandebiträde counsel for the victim (RB 20 kap 15 §)

målsägandebrott crime that can only be prosecuted by the victim as a private prosecutor

måltillströmning influx of cases

mångfald diversity

mäklararvode brokerage fee

mäklare broker

människohandel human

trafficking (BrB 4 kap 1a §)

människorov kidnapping (BrB 4 kap 1 §)

mänskliga rättigheter human rights

märkesförfalskning forgery of stamps (BrB 14 kap 7 §)

mönsterskydd protection of registered designs

mördare murderer

namnbyte change of name

namnförtydligande printed name

namnteckning signature

namnupprop roll-call voting

nattarbete night-work

nattillägg night differential (extra pay for performing night work)

naturaförmån payment in kind

naturagäldenär debtor of services or goods (owes something other than money)

naturaluppfyllelse specific performance

naturaprestation performance in kind (in some way other than money)

naturhändelse act of God

naturrätt natural law

naturvård nature conservation

ne bis in idem rule against double jeopardy (people can't be tried for the same crime twice)

nedan kallad 'X' hereinafter 'X'

nedlägga ett åtal to withdraw a prosecution

nedläggande av förundersökning discontinuance of a preliminary investigation (RB 23 kap 4a §)

nedläggande av åtal withdrawal of a prosecution

nedsatt arbetsförmåga reduced ability to work

nedsätta (1) [*deponera*] to deposit

nedsätta (2) [*reducera*] to reduce

nedsättning (1) deposit for safe custody

nedsättning (2) reduction

nedsättning av aktiekapital reduction of the share capital

nedsättning av hyra rent

abatement

nedsättning av lösesumma
deposit of purchase money

nedsättning av pengar hos
myndighet deposit of
money into escrow

nedsättning av påföljd
reduction of sanction

nedsättningsbeslut resolution
to reduce the share capital

negativ fastställelsetalan
action for a declaratory
judgment that a certain legal
situation does not exist

negativ rättskraft negative res
judicata, the barring effect of
a prior judgment (Negative
res judicata 'negativ rättskraft'
applies when the dispute
decided by a judgment is
renewed between the same
parties. The prior judgment
constitutes a procedural
hindrance 'processhinder'
requiring dismissal 'avvisning'
by the second court sua
sponte. There is no
equivalent term in American
law, although it sometimes

refers to res judicata being
used as a 'shield' in the
subsequent case.)

negativt avtalsintresse reliance
damages (protecting
nonbreaching party's reliance
interest in a contract will
place the nonbreaching party
back in the position he or
she was in prior to relying on
the breaching party's
promise)

negativt kontraktsintresse
reliance damages (protecting
nonbreaching party's reliance
interest in a contract will
place the nonbreaching party
back in the position he or
she was in prior to relying on
the breaching party's
promise)

negativt servitut restrictive
covenant (such as a covenant
that the land may only be
used for a park)

negativt åtalsbeslut formal
decision not to prosecute

negotiabel handling negotiable
instrument

negotiabilitet negotiability

negotiorum gestio agency of necessity (handling of another person's business without written contract)

neka to deny, to plead not guilty

nettoförsäljningsvärde net selling price

nettoinkomst net income

nettokassaflöde net cash flow

nettoomsättning net sales

neutralitet neutrality

nominellt belopp par value

nominellt värde par value

nota bill

notarie law clerk

notariebrottmål petty crime cases

notarietjänstgöring service as a law clerk

notarius publicus notary public

notorietet facts of which the court can take judicial notice (and thus do not have to be proven) (RB 35 kap 2 §)

notorisk well-known

notorisk kunskap facts of which the court can take judicial notice (and thus do

not have to be proven) (RB 35 kap 2 §)

novation novation (substitution of a new obligation, debt or contract for an existing one)

nulla poena sine lege principle of legality (conduct not previously defined as criminal cannot be considered a crime) (RF 2 kap 10 §)

nulla reformatio in peius if only one party appeals, the appellate court cannot change the trial court's judgment to his disadvantage

nupturienter engaged couple, couple engaged to be married

nyckelfärdig turnkey

nyemission av aktier issue of new shares, new share issue

nyhet av en uppfinning novelty of an invention

nyttighet utility

nyttjanderätt right of use

nyttjanderättshavare holder of a right of use

nyttjandevärde value in use

nåd pardon, mercy

nådeansökan petition for pardon

nämnd panel of lay judges (not a jury in the Anglo-American sense; cf. *nämndeman*)

nämndeman lay judge (not jurors in the Anglo-American sense, as they are full members of the court, called upon to give their opinion on questions of both fact and law, whereas jurors decide only questions of fact. These lay judges are elected for six years and can be, and frequently are, reelected, whereas juries are impaneled for one specific case.)

nära anhörig close relative

näringsfrihet freedom of trade

näringsförbud disqualification from doing business (e.g. following bankruptcy)

näringsidkare business owner (sometimes translated as 'entrepreneur' but in American English that suggests someone who takes the risk of starting new businesses)

näringslivet trade and industry

näringslivstvist commercial dispute

näringstillstånd business license

näringsverksamhet economic activity

närmaste anhörig next of kin

närstående företag affiliated company

närvara to attend

närvaro attendance

nöd necessity (as a justification for an act that would otherwise be a crime—exists when a danger threatens life, health, property or some other important interest protected by the law) (BrB 24 kap 4 §)

nödfall emergency

nödfallsaccept acceptance in case of need

nödhandling acting out of necessity

nödvändig processgemenskap compulsory joinder of parties

nödvärn self-defense (BrB 24

109

kap)

nödvärnsexcess excessive self defense

nöjdförklaring declaration by a convict that he or she will not appeal the sentence imposed

oaktsam negligent

oaktsam sexuellt övergrepp negligent sexual assault (BrB 6 kap 3 §)

oaktsam våldtäkt negligent rape (BrB 6 kap 1a §)

oaktsamhet negligence

oansvarig irresponsible; not responsible

oantastlig unimpeachable

oavsättlighet irremovability, security of tenure

obducera to perform an autopsy (USA), to perform a post mortem (UK)

obduktion autopsy (USA), post mortem (UK)

obebyggd tomt undeveloped site

obefogad unjustified, unwarranted

obefogad angivelse

unwarranted accusation (BrB 15 kap 6 §)

obefogat åtal malicious prosecution (BrB 15 kap 5 §)

obegränsad tid indefinite period

obehörig (1) unauthorized

obehörig (2) lacking jurisdiction

obehörig befattning med hemlig uppgift unauthorized handling of defense secrets (BrB 19 kap 7 §)

obehörig kapitulation unauthorized surrender (BrB 21 kap 12 §)

obehörig vinst unjust enrichment

obehörighet lack of jurisdiction

obehörigt avvikande från trafikolycksplats hit and run, leaving the scene of an accident

obehörigt tillägnande wrongful conversion

obeskattade reserver untaxed reserves

obestridd unchallenged, undisputed

110

obestyrkt unverified

obestånd insolvency

obeståndsrätt insolvency law

objektiv kumulation (1)
joinder of claims

objektiv kumulation (2) multi-
claim litigation

objektiv rätt law (as opposed to
'*subjektiv rätt*' meaning 'right')

objektivt ansvar strict liability
(liability without fault, as
opposed to fault-based
liability '*subjektivt ansvar*')

objektivt rekvisit actus reus
(the wrongful acts that are
the elements of the definition
of a crime, as opposed to the
wrongful intent called mens
rea '*subjektivt rekvisit*')

obligation bond

obligationsagio bond premium

obligationsbelopp face value of
a bond

obligationsborgenär bond
creditor

obligationsemission bond
issue

obligationsförhållande debtor-
creditor relationship

obligationsinlösen bond
redemption

obligationskupong bond
coupon

obligationslånevillkor
indenture (Between bond
issuers and bondholders, an
indenture is a legal and
binding contract specifying
all the important features of
a bond, such as its maturity
date, timing of interest
payments, method of interest
calculation and any callable
or convertible features)

obligationsmarknad bond
market

obligationsportfölj bond
portfolio

obligationsränta bond interest
rate

obligationsrätt (1) law of
obligations, law of contracts
and torts

obligationsrätt (2) right in
personam (as opposed to a
right in rem '*sakrätt*')

obligationsstatut proper law of
the contract

obligatorisk mandatory, compulsory

obligatorisk kumulation mandatory joinder

ocker (1) usury, loan sharking (also called '*kreditocker*')

ocker (2) undue influence (also called '*sakocker*') (AvtL 3 kap 31 §)

ockerpantning acquiring false document as means of extorsion (BrB 9 kap 10 §)

ockerränta usurious interest

oemotsagd unchallenged, undisputed

offentlig auktion public auction

offentlig förhandling public hearing

offentlig försvarare public defender

offentlig rätt public law

offentlig upphandling public procurement

offentlighetsprincipen principle of publicity, principle of public hearing (court hearings are open to the public, subject to exceptions, in which case the hearing or parts of the hearing may be held in camera '*bakom lyckta dörrar*')

offer victim

officialprincipen rule governing civil proceedings whereby the court can only act on its own initiative, referred to as 'ex officio' in Swedish but as 'sua sponte' in English (this principle governs in matters that are not amenable to out-of-court settlement '*indispositiva tvistemål*' and is the opposite of the '*dispositivprincip*')

officialprövning evidence taken at the court's initiative (such as calling an expert witness)

officiell handling authentic instrument

ofreda to molest

ofredande molestation (BrB 4 kap 7 §)

ofrivillig involuntary

oförenlig incompatible

oförenlighet incompatibility

oförrätt injury

oförutsedda omständigheter

unforeseen circumstances

oförytterliga rättigheter vested rights

ogilla to dismiss on the merits

ogilla jäv mot domare to reject an application for disqualification of the judge

ogillad talan claim dismissed on the merits

ogillad åtal action dismissed on the merits

ogillande dismissal on the merits

ogillande av käromålet judgment for the defendant

ogiltig invalid, void, null and void

ogiltigförklara to declare invalid, to annul, to invalidate

ogiltighet invalidity

ogulden due, unpaid

ohörsamhet mot ordningsmakten refusal to follow a police order (BrB 16 kap 3 §)

oindrivbar fordran bad debt

olaga diskriminering unlawful discrimination (BrB 16 kap 9 §)

olaga frihetsberövande unlawful deprivation of liberty (BrB 4 kap 2§)

olaga förföljelse unlawful persecution, stalking (BrB 4 kap 4b §)

olaga hot unlawful threat (BrB 4 kap 5 §)

olaga intrång criminal trespass (BrB 4 kap 6 §) (Trespass is a crime under Swedish law, but a tort under American law.)

olaga spridande av efterbildning illegal distribution of imitations of banknotes, coins, etc. (BrB kap 14 10 §)

olaga tvång unlawful coercion (BrB 4 kap 4 §)

olaga våldsskildring unlawful depiction of violence (BrB 16 kap 10c §)

olovlig avledning av värmeenergi unlawful diversion of thermal energy (BrB 8 kap 10a §)

olovlig avlyssning eavesdropping (BrB 4 kap 9a §)

**olovlig befattning med falska
 pengar** handling counterfeit
 currency (BrB 14 kap 6a §)

**olovlig befattning med
 kemiska vapen** unlawful
 handling of chemical
 weapons (BrB 22 kap 6a §)

olovlig befattning med minor
 unlawful handling of land
 mines (BrB 22 kap 6b §)

olovlig kraftavledning unlawful
 diversion of electricity (BrB 8
 kap 10 §)

olovlig kårverksamhet
 unlawful military activity
 (BrB 18 kap 4 §)

olovlig kärnsprängning
 carrying out an unlawful
 nuclear test (BrB 22 kap 6c §)

**olovlig
 underrättelseverksamhet**
 unlawful intelligence
 activities (BrB 19 kap 10 §)

olovlig värvning unlawful
 recruitment to foreign
 military service (BrB 19 kap
 12 §)

olovligt brukande unlawful use
 of another's property (BrB

10 kap 7 §)

olovligt förfogande unlawful
 disposition (BrB 10 kap 4 §)

olovligt ingående av äktenskap
 unlawful marriage (BrB 7 kap
 1 §)

olycksfall i arbete occupational
 accident (USA), industrial
 accident (E&W)

om det kan ske if possible

om ej annat stadgas i lag
 except as otherwise provided
 by law

om ej annat sägs except as
 otherwise provided

om ej fara är i dröjsmål unless
 there is danger in delay

ombud counsel

ombudsarvode attorney's fees

ombyggnad remodeling

omedelbarhetsprincipen
 principle of immediacy
 (principle that the evidence is
 heard and seen directly and
 immediately by the judge
 who is to decide the case)

omedveten culpa negligence

omhändertagande preventive
 detention

114

omröstning vote, voting

omsättningstillgångar current assets

omtvistad fråga question in dispute (in British English, this could be called a 'moot question' but not in American English where 'moot question' means a 'no longer relevant question')

omtvistade beloppet, det amount in controversy

omtvistat rättsfaktum matter at issue

omval reelection

omvänd bevisbörda reversed burden of proof

omvända bevisbörda to reverse the burden of proof

omvärldsanalys external analysis

omvärldsbevakning business intelligence

omvärldsfaktorer external factors

omyndig under age

oneröst avtal agreement for valuable consideration

onus [*börda*] burden

opartiskhet impartiality

oprioriterad borgenär unsecured creditor

ordagrant verbatim

orderskuldebrev order note

ordförande chair

ordförande domare presiding judge

ordförande i Högsta domstolen chief justice of the supreme court

ordförande i Högsta förvaltningsdomstolen chief justice of the supreme administrative court

ordinarie bolagsstämma annual meeting of shareholders (USA), annual general meeting (UK)

ordinarie domare permanent judge

ordinarie tjänst permanent post

ordinär delgivning ordinary service (by letter, by a messenger, by registered letter, by telephone or simplified service)

ordningsförseelse misdemeanor

ordre public public policy

oredlighet mot borgenärer
dishonesty to creditors (BrB
11 kap 1 §)

oredlighetsbrott crime of
dishonesty

oredligt förfarande dishonest
conduct (BrB 9 kap 8 §)

oren accept (av anbud)
conditional acceptance (of an
offer)

organisationsnummer
company registration number

originära fång original
acquisition of rights (the
person acquiring the rights
does not take with reference
to any predecessor; examples
include hunting, fishing, and
taking possession of
something without an owner
with the intent to acquire it
as property)

orsakssamband causal
connection, nexus

orättmätig besittning adverse
possession

orättvisa injustice

osann försäkran false

affirmation (BrB 15 kap 10 §)

osann partsutsaga false
testimony (BrB kap 15 2 §)

osant intygande false
certification (BrB 15 kap
11 §)

osedlighet immorality

oskiftat dödsbo undistributed
estate

oskyldighetspresumtion
presumption of innocence
(people are presumed
innocent until proven guilty)

oskälig unreasonable, unfair

oskäliga avtalsvillkor unfair
contract terms (similar to the
concept of
'unconscionability' in US law)
(AvtL 3 kap 36 §)

ostridig noncontentious

ostridiga fakta stipulated facts

otillbörlig unfair

otillbörlig påverkan undue
influence

**otillbörligt gynnande av
borgenärer** granting
unlawful preference to
creditors (BrB 11 kap 4 §)

otillbörligt utverkande av

116

samtycke eller tillstånd till adoption av barn obtaining consent to or license for adoption of children through illegal means (BrB 7 kap 2 §)

otillbörligt verkande vid röstning improper conduct at an election (BrB 17 kap 8 §)

otillåten kumulation misjoinder

otillåten utlämning av teknisk upptagning illicit delivery of a technical recording (BrB 16 kap 10d §)

otillåtet förfarande med pornografisk bild unlawful handling of pornographic pictures (BrB 16 kap 11 §)

ovarsam utsaga negligent testimony (BrB kap 15 3 §)

ovedersägligt antagande irrebuttable presumption

ovillkorlig unconditional

ovillkorlig dom unconditional sentence

oväsentlig immaterial

oåterkallelig irrevocable

oåterkallelig remburs irrevocable letter of credit

oäkta counterfeit

oöverlåtlig nontransferable

pacta sunt servanda pacta sunt servanda (agreements are binding)

pant (1) security interest, lien

pant (2) mortgage

pant (3) pawn, pledge

pantbank pawnshop

pantbrev mortgage certificate

pantbrevshavare mortgage certificate holder

pantförskriva to mortgage

pantförskriven egendom mortgaged property

pantförskrivning mortgage

panthavare (1) mortgagee, mortgage lender, mortgage creditor

panthavare (2) pawnee, pledgee

pantkvitto pawn ticket

pantlånare pawnbroker

panträtt i fast egendom mortgage lien on property

pantsätta (1) to mortgage, to grant a security interest in

pantsätta (2) to pawn, to pledge

pantsättare (1) mortgagor (the

mortgagor is the borrower
and gives the mortgage to
the lender '*långivare*' called the
mortgagee '*panthavare*')

pantsättare (2) pledgor

pantsättning grant of a security
interest

pantsättning av fast egendom
mortgaging of real property

parafera to initial

paragraf (§) section (§) (This is
a false friend, since the
Swedish word for paragraph
is '*stycke*'. The symbol § is
also used to mean 'section' in
the USA, but not in the UK,
where it is often abbreviated
as 's.'.)

part party

part i avtalet party to the
agreement

part i mål party to a case,
litigant

partihandel [*grosshandel*]
wholesale trade

partsautonomi party autonomy
(right of the parties to a
contract to choose which
country's legal system will

govern the contract)

partsbehörighet
[*partshabilitet*] party
capacity (lies with all natural
persons, regardless of age,
and with all registered legal
persons—since a partnership
'*enkelt bolag*' and a sole
proprietorship '*enskild firma*'
are not separate legal entities,
they have no party capacity,
and therefore only the
partners or sole proprietor
have party capacity in the
event of a lawsuit)

partsförhör party examination

partshabilitet
[*partsbehörighet*] party
capacity (lies with all natural
persons, regardless of age,
and with all registered legal
entities, and since a
partnership '*enkelt bolag*' and a
sole proprietorship '*enskild
firma*' are not separate legal
entities, they have no party
capacity, and therefore only
the partners or sole
proprietor have party

capacity in the event of a
lawsuit)

partsinlaga pleading

passiv delägare silent partner

passiv legitimation defendant's
standing

patent patent

**Patent- och registreringsverket
(PRV)** Swedish Patent and
Registration Office

patentansökan patent
application

patentinnehavare patentholder,
patentee

patentintrång patent
infringement

patentombud patent agent

patentråd patent judge

patentupplåtelse patent license
agreement

patrullera to patrol

penninganvisning assignment,
remittance

penningböter monetary fine

penningfordran monetary claim

penningförfalskning
counterfeiting (BrB 14 kap
6 §)

penninghäleri money

laundering (BrB 9 kap 6a §)

penninghäleriförseelse
handling proceeds of crime
(BrB 9 kap 7a §)

penninglån loan of money

penningmarknad money
market

penningtvätt money laundering

pensionering retirement

Pensionsmyndigheten Swedish
Pensions Agency

**permanent uppehållstillstånd
(PUT)** permanent residence
permit

permittering av anställda
layoff of employees

person med föräldraansvar
holder of parental
responsibility

**person som gör intrång i
patent** patent infringer

personalkostnader personnel
costs

personalomsättning staff
turnover

personalpolicy human
resources policy, HR policy,
personnel policy

personlig delgivning personal

119

service, in-hand service

personligt ansvar individual
liability

personrätt law of persons

personskada bodily injury,
personal injury

personsuppgiftsbiträde
processor

personuppgift personal data

personuppgiftsansvarig
controller

personuppgiftsincident
personal data breach

personutredning personal case
study

placering av värdepapper
placement of securities

planlösning floor plan

planritning floor plan

platsundersökning site
investigation

pleniavgörande decision of the
full court, decision of the
court sitting en banc

plenimål case where the court
sits en banc

plenum court sitting en banc

plikt duty

plundring robbery

plädera to argue

plädering [*slutanförande*]
closing argument (this is a
false friend, because a
pleading is a '*partsinlaga*')

plädering i rättsfrågan legal
argument

plädering i sakfrågan factual
argument

polisanmäla to report to the
police

polisanmälan report to the
police

polisaspirant police trainee

polisassistent police sergeant

polisbevakning police
supervision

polisbricka police badge

polischef police commissioner

polisdistrikt police district

polisen the police

Polisens Tekniska
Rådfrågningsbyrå
Technical Advisory Office of
the Police

polisförhör police interrogation

poliskontor police station

Polismyndigheten Swedish
Police Authority

politiskt utsatt person
politically exposed person
(PEP)

positiv fastställelsetalan action
for a declaratory judgment
that a certain legal situation
exists

positiv rätt positive law

positiv rättskraft positive res
judicata, prior judgment
being used to establish a
basis for a determination in a
subsequent suit (Positive res
judicata '*positiv rättskraft*' of a
judgment generally indicates
its binding force in a
subsequent action even
though the dispute is not
about the same issue, e.g. an
earlier judgment establishing
paternity can be used in a
new judgment on custody.
There is no equivalent term
in American law, although it
does sometimes talks about
res judicata being used as a
'sword' in a subsequent
lawsuit.)

positivt avtalsintresse
expectation damages
(Protecting the nonbreaching
party's expectation interest in
a contract will place the
nonbreaching party in as
good a position as if both
parties had fully performed
the contract according to its
terms.)

positivt kontraktsintresse
expectation damages
(Protecting the nonbreaching
party's expectation interest in
a contract will place the
nonbreaching party in as
good a position as if both
parties had fully performed
the contract according to its
terms.)

positivt servitut easement (as
opposed to a restrictive
covenant '*negativt servitut*')

possessorisk talan action to
recover possession

**Post- och Inrikes Tidningar
(PoIT)** Official Gazette of
Sweden

postanvisning money order

postväxel money order

121

praktiserande advokat
practicing lawyer

praktiserande jurist practicing
lawyer

preferensaktie preferred stock
(USA), preference share
(UK)

preferensaktieägare preferred
shareholder

prejudicerande rättsfall test
case

prejudicialfråga preliminary
issue (this is a false friend
since 'prejudicial' in English
is '*skadlig*' in Swedish)

prejudikat precedent

prejudikatdispens leave to
appeal granted on the basis
of the precedential value of
the case

prejudikatslära doctrine of
stare decisis

preklusion (1) preclusion of
claims (in bankruptcy law)

preklusion (2) preclusion of
procedural steps (in
procedural law)

preliminär självdeklaration
preliminary income tax

return

premiebestämd pension
defined-contribution pension

preskriberad time-barred,
statute-barred

preskriberas to be time-barred,
to be statute-barred

preskription barring by the
statute of limitations, time
barring

preskriptionsbestämmelser
statute of limitations

Preskriptionslagen (1981:130)
Statute of Limitations Act

preskriptionstid period of
limitation

pressfrihet freedom of the press

primärkarta municipal base
map

primärt ansvar primary liability
(as opposed to secondary
liability '*subsidiärt ansvar*')

principalansvar vicarious
liability (holding employers
liable for the acts of their
employees) (SkL 3 kap. 1 §)

**principen om att förorenaren
betalar** polluter pays
principle

122

prioriterad borgenär secured
creditor

privat private

privatlivets helgd protection of
privacy

privaträtt private law

privaträttslig private law

process (1) proceedings, lawsuit

process (2) trial

processa to litigate

processbehörighet
[*processhabilitet*]
procedural capacity (for legal
entities, this means that the
lawsuit must be filed by their
authorized representative and
for natural persons, it
generally means that they
must not be minors or lack
capacity)

processgemenskap joinder of
parties

processhabilitet procedural
capacity (for legal entities,
this means that the lawsuit
must be filed by their
authorized representative and
for natural persons, it
generally means that they

must not be minors or lack
capacity)

processhinder
[*rättegångshinder*]
procedural defect (failure to
comply with rules that
warrants dismissal without
reaching the merits—such as
lack of jurisdiction)

processinvändning procedural
defense

processlysten litigious

processordning rules of
procedure

processrätt [*formell rätt*]
procedural law

processrättslig procedural

produktansvar products liability

projektering project planning

promemoria memorandum

promissar [*löftestagare*]
promisee

promittent [*löftesgivare*]
promisor

proportionalitetsprincipen
principle of proportionality
(in determining whether
coercive measures
'*tvångsmedel* are appropriate)

proposition government bill
(legislative or other proposal
submitted to the Riksdag by
the Government, the latter
term being used here in the
British sense of the 'prime
minister and cabinet' and not
in the American sense of all
three branches of central
government)

proprieborgen surety,
suretyship

prorogationsavtal forum
selection clause

protokoll (1) minutes (of a
meeting)

protokoll (2) record of
proceedings

protokollföra to keep the
minutes, to take the minutes

protokollförare (1) keeper of
the minutes

protokollförare (2) court
reporter (US equivalent)
(takes down what is said at
trial)

protokolljusterare person to
verify the minutes

protokollsutdrag excerpt from

the minutes

provanställning probationary
employment

provisorisk faktura pro forma
invoice

provocera to provoke

pröva (1) [*avgöra ett mål*] to
try, to adjudicate, to rule on

pröva (2) [*utreda*] to examine

pröva ett mål to try a case

pröva skäligt to deem
reasonable

prövning (1) [*av mål*] trial

prövning (2) [*undersökning*]
examination

prövningstillstånd (PT) leave
to appeal (USA), permission
to appeal (E&W) (RB 49 kap
12-15 §)

prövotid probationary period
(during probationary
employment ('*provanställning*')

psykiatrisk undersökning
psychiatric examination

psykiatrisk vård psychiatric
care

psykisk efterblivenhet mental
retardation

punkt på föredragningslistan

124

agenda item, item on the agenda

på administrativ väg by administrative means

på bar gärning in the act, in flagrante delicto

på egen kostnad at one's own expense

på fri fot at large, free

på heder och samvete on one's honor, under oath (RB 36 kap 11 §)

på obestånd to be insolvent

på sannolika skäl on probable cause

på tjänstens vägnar [*ex officio*] on the authority's own motion, at the authority's initiative

påbud mandatory injunction (an order to do something, as opposed to prohibitory injunction '*förbud*' which is an order not to do something)

påföljd (brotts~) sanction

påföljdsdom sentence

påföljdseftergift remission of sanction for crime

påföljdskombination combination of sanctions

påföljdspreskription barring of penalties by limitation

pågående nyanläggningar construction in process

påkallelseskrift notice of arbitration, request for arbitration

pålaga imposition

pålägga to impose

påstå to assert, to allege, to claim, to contend

påstående claim, allegation, assertion, contention

påtryckningsgrupp pressure group

påverkan av alkohol intoxication

ramavtal framework agreement

ramlag framework law

rannsakningshäkte pre-trial detention

rapporteftergift letting the offender off with a warning (instead of fining him)

ratifikation av en traktat ratification of a treaty

ratihabition ratification (by parents of contracts entered into by minors or ratification by principal of contracts by agent who exceeded his authority)

rattfylleri driving while intoxicated, driving under the influence, drunk driving (USA), drink driving (UK)

realavtal real contract (civil law term referring to a contract that in addition to the parties' assent requires delivery of the property in order to be valid: delivery is a prerequisite to formation of the contract)

recidivfara danger of recidivism, risk of being a repeat offender

recit recitals

redogöra för to account for

redovisat värde carrying amount

referendum [*folkomröstning*] referendum

referent reporting judge, juge rapporteur

reformatio in peius prohibition on change to the detriment

of the appellant

Regeringsformen (RF) (1974:152) Swedish Instrument of Government

regeringsproposition government bill

Regeringsråd Justice of the Supreme Administrative Court

Regeringsrätten Supreme Administrative Court

registerförare registrar

registrator registrar

registrera to record, to register

registrerat partnerskap registered domestic partnership (the law on registered domestic partnerships, which were only available to same-sex couples, was repealed in Sweden in 2009 and domestic partners are now free to marry)

registrerat trossamfund registered religious community

registrering registration, entry

regress recourse

126

regressrätt right of recourse, right of reimbursement (right to demand reimbursement for paying another person's expenses or debts)

reklamation (1) warranty claim, notice of defects

reklamation (2) customer complaint

rekommendationsförslag proposed recommendation

rekonstruktion reorganization (of a company, in lieu of bankruptcy)

rekonstruktör administrator of a reorganization

rektaklausul restriction on negotiability (a writing on a negotiable instrument to the effect that it cannot be negotiated to anyone else)

rekvisit necessary prerequisite (that must be met for a law to apply)

relationshandling as-built drawing

religionsfrihet freedom of religion

remburs letter of credit (L/C), documentary credit

remiss circulation of a bill (draft law) for comment

remittent payee (of a check or draft)

ren accept (av anbud) unconditional acceptance (of an offer)

ren förmögenhetsskada pure economic loss

renodling streamlining

renommésnylting reputation parasitism, reputation leeching

renovering renovation

rent konossement clean bill of lading

rent objektivt ansvar absolute liability

renvoi renvoi (rule of private international law whereby in a suit by a nonresident upon a cause arising locally, his capacity to sue will be determined by looking to the law of his domicile rather than to the local law)

repressalier retaliation

res incorporalis [immateriell

sak] intangible thing

res litigiosa matter in controversy

res nullius thing without an owner

reseförbud travel ban (prohibition against leaving the jurisdiction without permission when there is a risk that the suspect or insolvent debtor might flee) (RB 25 kap, KonkL 6 kap 6-7 §)

resekostnader travel expenses

resekostnadsersättning travel allowance

reservation dissenting opinion

reservera sig to dissent

resning new trial, trial de novo in the court of appeals (RB 58 kap) (extraordinary means of appeal whereby a judgment that has become res judicata can be altered when new circumstances or evidence are invoked which, if previously known, would likely lead to another outcome in the case)

resningsansökan petition for a trial de novo

restituera (1) [*återbetala*] to refund

restituera (2) [*återställa*] to restore

restitution refund

restlängd tax arrears schedule

restriktiv lagtolkning strict construction (of a law)

restskatt back taxes

resultaträkning income statement

retentionsrätt possessory lien

retroaktiv betalning back pay

retroaktiv lagstiftning retroactive legislation

revers [*skuldebrev*] promissory note

reverslån promissory note loan

revidera to audit

revision (1) audit

revision (2) regular appeal (to the Supreme Court)

revisionsberättelse auditor's report

revisionsdomstol appellate court

revisionsinlaga review petition

revisionssekreterare judge referee to the Supreme Court

revisor accountant, auditor

Riksdagen the Riksdag

Riksdagsordningen (2014:801) Riksdag Act

riksdagstrycket Riksdag Reports

Riksdagsutskott standing Riksdag committee

Riksenheten mot korruption National Unit against Corruption

Riksenheten mot Korruption National Anti-Corruption Unit

Riksorganisationen för kvinnojourer och tjejjourer i Sverige (Roks) National Organization for Women's Shelters and Young Women's Shelters in Sweden

Riksåklagaren Chief State Prosecutor

riktig [*rättvis*] just, fair, appropriate

rimlig (1) [*rättvis*] fair

rimlig (2) [*sannolik*] probable

rimlig (3) [*skälig*] reasonable

ringa small, minor, de minimis

ringa brott minor offense

ringa stöld petty theft (formerly called '*snatteri*') (BrB 8 kap 2 §)

ringaktning contempt

risk för förväxling likelihood of confusion (of similar trademarks)

riskavtal contingency fee agreement in a group action '*grupptalan*'

riskens övergång passing of the risk, transfer of the risk

riskera to jeopardize

riskfördelning risk allocation

riskkapitalbolag venture capital company

riskövergång passing of the risk, transfer of the risk

rivningsföreläggande demolition order

rivningslov demolition permit

rivningsplan demolition plan

rubbning av själsverksamhet mental disorder (other than mental disease or feeblemindedness)

rubricering av brott

classification of crime

rubrik heading

rus intoxication

rykte hearsay

ryktesspridning till fara för

rikets säkerhet spreading

rumors detrimental to

national security (BrB 22 kap

5 §)

rymling escapee, fugitive

rymma to escape

rymning desertion (BrB 21 kap

7 §)

rymning (1) [*flykt*] escape

rymning (2) [*övergivande*]

desertion

rå och rör metes and bounds

råd (1) council

råd (2) advice, counsel

råda to advise, to counsel

råda över to have control over

Rådet för finansiell

rapportering (RFR)

Swedish Financial Reporting

Board

rådgivande organ advisory

body, council

rådgivare advisor, counselor

rådman associate district judge

rån robbery (BrB 8 kap 5 §)

råvaror raw materials

råvaruavtal commodity

agreement

räkenskaper financial

statements

räkenskapsår fiscal year (USA),

financial year (UK)

räkning (1) invoice

räkning (2) account

ränta interest

ränta på ränta compound

interest

Räntelag (1975:635) Interest

Act

räntesats interest rate

ränteskillnadsersättning (RSE)

prepayment penalty (for

paying off a loan before it is

due)

räntetak interest rate cap

rätt (1) [*domstol*] court

rätt (2) [*lag, rättsvetenskap*]

law

rätt (3) [*rättighet*] right

rätt (4) [*rättvisa*] justice

rätt (5) [*äganderätt till fast*

egendom] title

rätt till domstolsprövning
access to court, right to one's
day in court

rätt till en rättvis rättegång
right to a fair trial

rätt till självbestämmande
right to self determination

rätta to amend

rättegång court action,
proceedings, judicial process,
litigation, trial

Rättegångsbalken (RB)
(1942:740) Code of Judicial
Procedure (Sweden does not
have separate codes of civil
and criminal procedure; both
are covered by the RB.)

rättegångsbiträde counsel

rättegångsfel procedural error

rättegångsfråga procedural
issue

rättegångsfullmakt power of
attorney for litigation

rättegångsförfarande legal
proceedings

rättegångsförseelse procedural
offense

rättegångshinder procedural
defect (failure to comply with
rules that warrants dismissal
without reaching the merits,
such as lack of jurisdiction
'*rätten är inte behörig*') (RB
34 kap)

rättegångskostnader litigation
costs

rättegångsmissbruk abuse of
process, malicious
prosecution

rättegångsombud attorney,
counsel

rättegångsordning procedure

rätteligen duly

rättelse correction, rectification
(of a judgment or an order)
(RB 17 kap 15 §) (only
possible where the ruling
contains an obvious mistake
attributable to a clerical error,
miscalculation or similar
oversight)

rättfärdig justifiable

rättfärdiga to justify

rättfärdigande justification

rättfärdighet justice

rättighet right, privilege

rättighetshavare rightsholder

rättmätig rightful, legitimate

rättmätig besittning rightful possession

rättmätig ägare lawful owner, rightful owner

rätts- judicial, legal

rättsbeslut court order

rättschef head of the legal department (in a ministry '*departement*')

rättsekonomi law and economics

rättsfaktum operative fact, directly relevant fact

rättsfall case

rättsfallsamling law reports

rättsfel miscarriage of justice

rättsfilosofi jurisprudence, philosophy of law (under the influence of French, 'jurisprudence' is sometimes used in English in EU documents to refer to what is actually called 'case law' in English; the English word 'jurisprudence' is actually a synonym of 'philosophy of law', not 'case law')

rättsfråga issue of law, matter of law, legal issue

rättsföljd legal consequence

rättsgrund legal basis, legal foundation

rättsgrundsats legal principle

rättshandling act having legal consequences (sometimes translated as 'juristic act' to indicate that there is no real equivalent in English. In some contexts can be translated simply as 'legal transaction' or even 'contract', but there are actually both unilateral acts '*ensidiga rättshandlingar*' such as making a will '*testamente*' and bilateral acts '*tvåsidiga rättshandlingar*' such as contracts '*avtal*')

rättshandlingsförmåga capacity to contract

rättshjälp legal aid (paying the costs of counsel for those unable to afford it)

Rättshjälpslagen (RhjL) (1996:1619) Legal Aid Act

Rättshjälpsmyndigheten National Legal Aid Authority

rättsinnehavare assignee,

132

holder of a right

rättsinträde subrogation of
rights

rättsinvändning demurrer,
failure to state a claim

rättskapabel legally competent

rättskapacitet legal personality
(the ability to have rights and
incur obligations. All natural
persons and legal entities—
both referred to as
'*rättssubjekt*' in Swedish—
have this. Not to be
confused with capacity to
contract '*rättslig
handlingsförmåga*', which
minors, for example, lack).

rättskipning administration of
justice

rättskraft binding force, res
judicata

rättskränkning (1) criminal
offense

rättskränkning (2) tort

rättskydd legal protection

rättskälla source of law

rättskänsla sense of justice

rättslig judicial, legal

rättslig handlingsförmåga
capacity to contract

rättslig undersökning judicial
investigation

rättsläkare forensic pathologist

rättslärd (1) learned in the law

rättslärd (2) legal scholar
(someone who is learned in
the law)

rättslös without legal protection

rättsmedel (1) appeal

rättsmedel (2) remedy

rättsmedicin forensic medicine

rättsmedicinsk undersökning
forensic examination

rättsmedvetande sense of
justice

rättsnotarie clerk of the court

rättsodontolog forensic dentist

rättsordning legal system

rättsplikt legal duty

rättspraxis case law, judge-made
law, court decisions (there is
no official doctrine of
precedents in Swedish law,
but in practice the judgments
of the Swedish Supreme
Court are followed by the
lower courts)

rättsprövning judicial review

(review by a court of the decision of a government agency, whereas in American law 'judicial review' usually refers to review of a law for constitutionality, called *'lagsprövning'* in Swedish)

rättspsykiatri forensic psychology

rättspsykiatrisk undersökning examination conducted by a forensic psychiatrist

rättsreform judicial reform

rättsregel legal rule

rättssal courtroom

rättsstat state governed by the rule of law

rättsstenograf court reporter

rättsstridig handling tort, wrongful act

rättsstridigt tvång duress

rättssubjekt legal person (meaning natural persons and legal entities; can also be translated as 'person or entity')

rättssystem legal system

rättssäkerhet (1) legal certainty

rättssäkerhet (2) due process of law

rättsteknik legal technique, legal method

rättsteori legal theory

rättstillämpning application of the law

rättstjänare bailiff

rättstvist legal dispute

rättsutredningar legal research

rättsverkan legal consequence

rättsvetenskap legal scholarship

rättsvetenskapsman legal scholar

rättsvillfarelse mistake of law

rättsvård voluntary jurisdiction

rättsväsendet the judiciary

Rättsväsendets informationssystem (RI) Judicial Information System

rättsväsendets oberoende independence of the judiciary

rättvis (1) just, justified

rättvis (2) fair

rättvis (3) impartial

rättvisa (1) fairness, justice

rättvisa (2) impartiality

rörelse trade

rörelsekostnader operating expenses

rörlig ersättning variable compensation (variable portion of compensation is based on performance)

röst vote

rösta to vote

röstberättigad medlem voting member

rösthemlighet privacy of suffrage

röstlängd list of registered voters

röstning voting

rösträtt suffrage, voting right, right to vote

röstsammanräkning counting of votes

sak (1) [*abstrakt*] subject, subject matter

sak (2) [*egendom*] property

sak (3) [*fråga*] case, issue, question

sak (4) [*föremål*] object

sak samma beträffande the same rule shall apply to

sak samma vare ifråga om the same rule shall apply to

saker till guilty of, responsible for

sakerförklara to convict, to find guilty

sakerförklaring conviction

sakframställning (1) [*i tvistemål*] statement of the facts

sakframställning (2) [*i brottmål*] charge by the public prosecutor

sakfråga (1) question of fact, issue of fact

sakfråga (2) merits (of the case)

sakförhållande facts of the case

sakförsäkring property insurance

sakinvändning defense to the plaintiff's claim (of which there are three types: demurrer or failure to state a claim '*rättsinvändning*', affirmative defense '*motfaktum*' and denial '*förnekande*')

sakkunnig expert (RB 40 kap 1 §)

sakkunnigbevisning expert testimony

sakkunniguppdrag expert commission

sakkunnigutlåtande expert
opinion

saklegitimation [talerätt]
standing to sue (USA), locus
standi (E&W)

saklegitimerad real party in
interest

saklig behörighet subject
matter jurisdiction

sakligt avgörande decision on
the merits

saklån gratuitous bailment (a
type of gratuitous contract
'*benefikt avtal*')

sakrätt right in rem (a right in
rem, such as an ownership
right '*äganderätt*' is valid
against the whole world,
called erga omnes in Latin,
while a right in personam
'*obligationsrätt*' is only valid
against the other party)

sakskada property damage,
damage to property

sakägare the party concerned,
the interested party

sambeskattning joint taxation

sambo cohabitee

samboende cohabitation

Sambolagen (2003:376)
Cohabitees Act

samfund association

samfälld jointly owned

samfällighetsförening
homeowners association

samhällstjänst community
service

samlag sexual intercourse

samlag med avkomling sexual
intercourse with a
descendant (BrB 6 kap 7 §)

samlag med syskon sexual
intercourse with a sibling
(BrB 6 kap 7 §)

sammanblandning
commingling

sammanbo to cohabit

sammanlevnad cohabitation

sammanlägga to consolidate,
to join

**sammanläggning av
fastigheter** consolidation of
holdings

sammansatt brott compound
crime

sammansvärja to conspire

sammansvärjning conspiracy

sammansättning av styrelse

board composition

sammanträde (1) court hearing

sammanträde (2) meeting, committee meeting

sammanträdesdag day on which the court is in session

sammanträffande av brott concurrence of crimes

samröre med fienden consorting with the enemy (BrB 21 kap 9 §)

samverkande concurrent

samägande joint ownership

samäganderätt right of joint ownership

sanningsbevis truth, proof that an allegedly defamatory statement '*ärekränkande påstående*' is true (truth is a defense to defamation)

sanningsförsäkran promise to tell the truth, under affirmation (as opposed to 'under oath')

sanningsplikt obligation to tell the truth

sannolik probable

sannolika skäl probable cause

sannolikhet probability

schablonavdrag standard deduction

schablonbelopp lump sum

sedel bank note

sedlighet decency, morality, ethics

sedlighetsbrott crime against morality

sedlighetssårande indecent

sedvana custom

sedvanerätt customary law, custom (unwritten legal rules that arose from customs)

sekretess confidentiality

sekretessavtal confidentiality agreement, nondisclosure agreement (NDA)

sekretessbelagd confidential

sekundosuccession [*efterarv*] secondary succession

sekundosuccessor [*efterarvinge*] secondary heir

semesterersättning vacation pay (paid when an employee leaves a job before taking the vacation to which he or she is entitled)

semesterlön vacation pay (paid

during vacation)

sen accept late acceptance (of an offer to contract; sometimes the late acceptance is seen as a new offer)

senare ändrad genom as subsequently amended by

senast ändrad genom as last amended by

separabilitetsklausul severability clause

separationsrätt creditor's right to repossess property in bankruptcy

servitut (1) [*positivt servitut*] easement

servitut (2) [*negativt servitut*] restrictive covenant (such as a covenant that the land may only be used for a park)

servitutsbevis evidence of an easement

servitutsfri free from easements, unencumbered by easements

servitutshavare owner of the dominant tenement

sexualbrott sex crime

sexuella trakasserier sexual harassment

sexuellt ofredande sexual molestation (BrB 6 kap 10 §)

sexuellt umgänge sexual intercourse

sexuellt utnyttjande av barn sexual exploitation of a child (BrB 6 kap 5 §)

sexuellt övergrepp sexual assault (BrB 6 kap 2 §)

sexuellt övergrepp mot barn sexual assault of a child (BrB 6 kap 6 §)

sidoarvinge decedent's siblings and their children (as opposed to decedent's ascendants or descendants)

sidomaterial incidental material (material that is not considered relevant to the decision on whether to prosecute)

sigill seal

signalement personal description

signaturförfalskning falsification of signature (BrB 14 kap 5 §)

simulant malingerer

simulera to malinger

simultanbildning simultaneous formation of a company (all shares are subscribed for at the organizational meeting; cf. *successivbildning*)

sinnesrubbning mental derangement

sinnessjuk mentally ill, insane

sinnessjukdom mental illness, insanity

sinnesundersökning psychiatric examination

sista instans court of last resort (as opposed to the court of first instance '*första instans*')

sitta som ordförande to preside (over a meeting)

sitta ting to work as a clerk in a district court

situationsplan site layout plan

sjukintyg doctor's certificate

sjuklön sick pay

sjukskriven absent due to illness, "off sick"

självdeklaration tax return

självförsvar self defense

självförvållad self-inflicted

självmant on one's own motion, sua sponte

självmant återvändande assisted voluntary return (of asylum seeker to home country)

självmord suicide

självrisk deductible (USA), excess (UK) (in insurance)

självstympning mutilation

självständig företagare independent contractor

självtäkt self-help, unlawful repossession, "taking the law into one's own hands" (BrB 8 kap 9 §)

sjö- eller luftfartssabotage sabotage of navigation or aviation (BrB 13 kap 5a §)

Sjöfartsverket Swedish Maritime Administration

sjörätt maritime law, the law of the sea

sjörättsdomstol maritime court

sjörättsjurist maritime lawyer

skada *n* **(1)** loss, detriment

skada *n* **(2)** injury, damage

skada *v* to injure, to damage

skadade (den) the injured party

skadeersättning damages

skadeersättningsanspråk claim
for damages

skadefall case of loss

skadegörande handling
tortious act

skadegörare tortfeasor

skadegörelse damage

skadegörelsebrott criminal
damage to property (BrB 12
kap 1 §)

skadelidande tort victim,
injured party

skadestånd damages

skadeståndsanspråk claim for
damages

**skadeståndsansvar (1) [*i*
obligatoriska
förhållanden*]** contractual
liability, liability in contract

**skadeståndsansvar (2) [*i*
utomobligatoriska
förhållanden*]** tort liability
(USA), liability in tort (USA),
tortious liability (UK)

skadeståndsberättigad entitled
to damages

Skadeståndslagen (1972:207)
Tort Liability Act

skadeståndsregler rules of
damages

**skadeståndsrätt (1) [*i*
obligatoriska
förhållanden*]** law of
damages

**skadeståndsrätt (2 [*i*
utomobligatoriska
förhållanden*]** tort law, the
law of torts

skadeståndsskyldig liable to
pay damages, liable for
damages

**skadeståndsskyldighet (1) [*i*
obligatoriska
förhållanden*]** contractual
liability for damages

**skadeståndsskyldighet (2) [*i*
utomobligatoriska
förhållanden*]** tort liability
for damages

skadeståndstalan action for
damages

skadeståndstalan i brottmål
associated action for
damages in a criminal case

skadevållande tortfeasor

skadevållare tortfeasor

skador damage (the plural word *'skador'* in Swedish corresponds to the singular word 'damage' in English, while the plural word 'damages' mean *'skadestånd'* or *'skadeersättning'*)

skapa prejudikat to set a precedent, to create a precedent

skatt tax

skatteavdrag tax deduction

skattebedrägeri tax fraud

skattebefrielse tax exemption

skattebetalning income taxes paid

skattebrott tax crime, tax evasion

skatteflykt tax evasion

skatteförfattning tax legislation, tax statutes

skatteförmåga ability to pay taxes

skatteförseelse petty tax offense

skattekontroll tax supervision

skattelagstiftning tax legislation

skattemyndighet tax authority

skatteplanering tax planning, tax avoidance (which is legal, cf. tax evasion *'skatteflykt'*)

skattepliktig inkomst taxable income

skatterätt tax law

skattesats tax rate

skattetabell tax rate table

skatteuppbörd tax collection

skatteutgift tax expenditure

Skatteverket Swedish Tax Agency

skattsedel demand note

skattskyldig taxpayer

skattskyldighet tax liability

skenavtal sham contract

skenbarligen apparently, to all appearances, ostensibly

skifte distribution

skiftesman estate distributor (usually either the administrator of the estate *'boutredningsman'* or the executor of the will *'testamentsexekutor'*)

skilja sig to divorce

skiljaktig mening dissenting opinion

skiljeavtal arbitration agreement, agreement to arbitrate

skiljedom arbitration (The parties to an arbitration are called the claimant '*käranden*' and the respondent '*svaranden*')

skiljedom i internationella handelstvister international commercial arbitration

skiljedomare arbitrator

skiljedomsavgöra to arbitrate

skiljedomsavgörande arbitral award

skiljeförfarande arbitration proceedings

skiljeklausul arbitration clause

skiljeman arbitrator

skiljemannarätt law of arbitration

skiljenämnd arbitral tribunal

skilsmässa divorce

skilsmässoansökan divorce petition

skilsmässodom divorce decree

skiss av brottsplats sketch of crime scene

skriftlighetskrav requirement of a writing, written form requirement

skriftligt avgörande written decision

skriftligt bevis documentary evidence (RB 38 kap)

skriftligt käromål complaint

skriftligt svaromål answer (to the plaintiff's complaint) (USA), statement of defence (E&W) (RB 42 kap. § 7)

skriftväxling pleading

skriven lag statutory law

skrivfel clerical error

skuld (1) [*ansvar*] responsibility

skuld (2) [*straffrätt*] guilt, culpability

skuld (3) [*penningskuld*] debt

skuld (4) [*fel*] fault

skuldebrev promissory note

skuldebrev förenade med optionsrätten till nyteckning debt instrument with an option to subscribe for new shares

skulder liabilities

skuldsanering debt relief (for insolvent individuals, as

142

opposed to '*rekonstruktion*' for companies)

skydd av privatlivets helgd protection of privacy

skydda (1) to protect

skydda (2) [*bevara*] to preserve

skydda (3) [*förhindra*] to prevent

skyddad ursprungsbeteckning protection designation of origin (PDO)

skyddande av brottsling protecting a criminal (BrB 17 kap 11 §)

skyddskonsulent probation officer

skyddsområde restricted area

skyddstillsyn probation with supervision (similar to a probation in the form of a suspended sentence '*villkorlig dom*' but in this case the person on probation is monitored)

skyldig (1) [*förpliktad*] obligated (USA), obliged (UK) to do something

skyldig (2) [*om pengar*] in debt

skyldig (3) [*brott*] convicted, found guilty of

skyldighet (1) responsibility

skyldighet (2) guilt

skyldighet (3) liability

skymfa to insult

skäl (1) reason

skäl (2) motive

skäl (3) cause, ground

skäl (4) argument

skälig reasonable

skälig anledning reasonable ground

skälighet discretion

skäligt rådrum reasonable time (As a general principle of Swedish civil procedure, a party is always given a reasonable time in which to comply with a court order.)

skärpta åtgärder enhanced measures

skön discretion

skönsavgörande ad hoc decision

skönsmässig discretionary

sköta to administer

slagsmål fight

sluta en överenskommelse to
enter into an agreement

slutande av avtal contract
formation, formation of
contracts

slutanförande [*plädering*]
closing argument (closing
arguments are optional) (RB
43 kap 9 §)

slutdelgivning notice to suspect
by chief investigator that a
preliminary crime
investigation
'förundersökning' is about to
be closed

sluten omröstning vote by
secret ballot

sluten psykiatrisk vård
institutional psychiatric care

sluten ungdomsvård
institutional care of young
offenders

slutgiltig final

slutinstans court of last resort

slutledning conclusion

slutlednings- deductive

slutlig final, ultimate

slutligt beslut final judgment

slutlikvid full settlement

slutplädering closing argument

släkting relative

släktskap relationship, kinship
(either by blood '*skyldskap*' or
by marriage '*svågerskap*')

smitning hit and run, leaving
the scene of an accident

småmål small claim

smäda to defame

smädelse defamation

smädlig libelous

snatta to pilfer, to shoplift

snattare shoplifter

snatteri petty theft, pilferage,
shoplifting (now referred to
as '*ringa stöld*')

Socialförsäkringsbalk (SFB)
(2010:110) Social Insurance
Code

socken parish

solidarisk joint and several

solidarisk medgäldenär joint
and several co-debtor

solidariskt ansvar joint and
several liability (where each
guarantor is liable for all of
the guaranteed debt, as
opposed to joint liability,
'*delat ansvar*,' where each

guarantor is only liable for part of the debt)

solidariskt svara för to be jointly and severally liable for

solutio indebiti [*felaktig utbetalning*] payment made by mistake, amount paid in error (leading to unjust enrichment of the person paid)

spaning search for wanted persons, investigation

spaningsledare search leader, head of investigation

sparbank savings bank

sparkasseräkning savings account

specialdomstol court of limited jurisdiction

speciesgods specific goods

speciesköp purchase of specific goods (as opposed to a purchase of generic goods '*genusköp*')

spegelbildsregeln the mirror image rule (acceptance of an offer to make a contract must be unconditional 'ren accept' and must mirror the offer exactly; otherwise, the offer will be considered a counteroffer)

Spelförordning (2018:1475) Gambling Ordinance

spioneri espionage (BrB 19 kap 5 §)

spridande av gift eller smitta spreading poisonous or contagious substances (BrB kap 13 7 §)

stadfäst förlikning consent judgment (a judgment establishing a settlement agreement between the parties)

stadga to prescribe, to provide for

stadga om de grundläggande rättigheterna charter of fundamental rights

stadgande rule, provision

stadgar bylaws (USA), articles of association (UK)

stadigvarande anställning regular employment

stadsförnyelse urban regeneration

stamaktier common shares,

shares of common stock

stamaktieägare common shareholder

standardavtal standard-form agreement

Statens ansvarsnämnd Public Liability Board

Statens Hyresråd National Rent Tribunal

Statens offentliga utredningar (SOU) Swedish Government Official Reports (official publication containing the reports of the government commissions and committees of inquiry)

Statistiska Centralbyrån National Central Bureau of Statistics

statligt verk government agency, government office

statsförvaltning central government administration

statsinkomster government revenue

statsminister prime minister

statsrätt constitutional law

statsskick form of government

statstjänsteman civil servant,

government employee

statsverket the Government

stifta to found

stifta en lag to legislate

stiftarberättelse founders' report, incorporators' report

stiftare incorporator

stiftelse foundation

stiftelseurkund articles of incorporation (ABL 2 kap. 5 §)

stiftelseurkund och bolagsordning articles of incorporation and bylaws (USA), memorandum and articles of association (UK)

stjäla to steal

Stockholms Handelskammares Skiljedomsinstitut Arbitration Institute of the Stockholm Chamber of Commerce

stoppningsrätt right to withhold performance

straff punishment (the two main types are imprisonment *'fängelse'* and fines *'böter'*)

straff i frivården noncustodial sentence

straffa to punish

straffansvar criminal liability

straffarbete penal servitude (abolished from Swedish law in 1965)

straffbar punishable

straffdom sentence

straffeftergift remission of sentence

strafflindring reduction of sentence

straffmyndighetsålder age of criminal responsibility

straffmätning determination of the appropriate punishment (for a crime, whereby factors such as aggravating and mitigating circumstances *'förmildrande omständigheter'* are taken into account)

straffprocessrätt criminal procedure

straffprocessuella tvångsmedel coercive measures in a criminal investigation (two types: coercive measures against the person, e.g., detention and remand in custody, and coercive measures against property, e.g., house search and seizure)

straffrätt criminal law

straffrättslig criminal, penal

straffrättsligt uppsåt criminal intent, mens rea

straffskadestånd punitive damages

straffskärpning increase in severity of a punishment

strafftid term of imprisonment

straffånge person sentenced to hard labor (antiquated term)

straffåtgärd punitive measure

strafföreläggande summary imposition of a fine (imposed on the accused during the criminal investigation where the accused has confessed to the crime, in lieu of another sentence)

strandskyddsområde protected shoreline

strandägare riparian owner

strejkvakthållning picketing

stridande mot contrary to

stridsförsumlighet dereliction

of combat duties (BrB 21
kap 13 §)

strikt ansvar strict liability
(liability without regard to
fault, i.e. if you committed
the act, you are liable,
regardless of whether you
intended to or whether you
were negligent)

Strålskyddslagen (1988:220)
Radiation Protection Act

strängt straff severe sentence

styrelse board of directors

styrelsearvode board
compensation (USA), board
remuneration (UK)

styrelseledamot director,
member of the board of
directors

styrelsens arbetsordning rules
of procedure for the board
of directors

styrelseordförande chairman of
the board of directors

styrelseprotokoll minutes of
the meeting of the board of
directors

styrka (1) to prove

styrka (2) to attest, to verify

styrka (3) to certify

styrkande av anspråk proof of
claim

styrkt avskrift certified copy

ståndpunkt (1) point of view,
opinion

ståndpunkt (2) holding

ställa någon till ansvar för to
hold someone liable for, to
hold something responsible
for

ställa säkerhet to deposit
collateral

ställföreträdare agent, legal
representative, proxy

ställföreträdarskap agency

stämma (1) to summon

stämma (2) to file suit, to
initiate proceedings

stämmans avslutande
adjournment of the meeting
(USA), closure of the
meeting (UK)

stämmobeslut resolution
adopted at a meeting

stämmoordförande chairman
of the meeting

stämmoprotokoll minutes of a
meeting

stämning summons

stämningsansökan (1) [*i tvistemål*] application for a summons, summons application (RB 42 kap 2 §)

stämningsansökan (2) [*i brottmål*] charging document, indictment (RB 45 kap 4 §)

stämningsman process server

stämningsmannadelgivning service by a process server

stämpel stamp

stämpelavgift stamp tax

stämpla to conspire

stämpling conspiracy (BrB 23 kap 2 §)

stämpling till brott conspiring to commit a crime (BrB 23 kap 2 §)

stödperson support person (A victim 'målsägande' being questioned in support of the prosecution's case may be accompanied by a support person.) (RB 20 kap 15 §)

stöld theft

störande av förrättning eller av allmän sammankomst disturbing a public ceremony, function or gathering (BrB 16 kap 4 §)

subjektiv kumulation (1) joinder of parties

subjektiv kumulation (2) multi-party litigation

subjektiv rätt right (as opposed to '*objektiv rätt*' meaning 'law')

subjektivt ansvar fault-based liability (as opposed to strict liability '*objektivt ansvar*')

subjektivt rekvisit mens rea (the wrongful state of mind (either intent '*uppsåt*' or negligence '*oaktsamhet*') required as part of the definition of a crime, as opposed to the wrongful acts called actus reus '*objektivt rekvisit*')

subsidiärt ansvar secondary liability

subsumtion applying the law to the facts of the case

subvention subsidy

subventionera to subsidize

subventionsmissbruk misuse of EU funds (BrB 9 kap 3a §)

Successionsordningen

(1810:0926) Swedish Act of
Succession (rules concerning
the order of succession to
the throne)

successivbildning successive
formation of a company
(shares are subscribed for
over a period of time, instead
of simultaneously with the
formation of the company)

summa tillgångar total assets

surrogatdelgivning substitute
service (serving a document
on someone other than the
person it is directed to)

svara för fordran to be liable
for a payment claim

svara på åtalspunkter to plead
in response to the charges

svarande (1) [*i tvistemål*]
defendant

svarande (2) [*i skilje-
förfarande, mål om
äktenskapsskillnad och
konkurs*] respondent

svaromål answer (to the
plaintiff's complaint) (USA),

statement of defence (E&W)
(RB 42 kap. § 7)

sveda och värk mental pain and
suffering (SkL 5 kap. § 1)

svek fraud (AvtL 3 kap 30 §)
(fraud as a defense to
contract formation,
rendering the contract
invalid, as opposed to
criminal fraud '*bedrägeri*')

svekfull fraudulent

Svensk författningssamling
(SFS) Swedish Code of
Statutes

Svensk kod för bolagsstyrning
Swedish Corporate
Governance Code

Svenskt Fastighetsindex (Sfi)
Swedish Property Index

svepskäl pretext

Sveriges Advokatsamfund
Swedish Bar Association

Sveriges Rikes Lag Statute
Book of Sweden

svika to deceive

svikande av försvarsplikt
dereliction of defense duties
(BrB 18 kap 6 §)

sviklig fraudulent

svindleri swindling (BrB 9 kap 9 §)

svågerlag affinity (relationship by marriage, as opposed to consanguinity '*blodsförvantskap*')

svågerskap affinity (relationship by marriage, as opposed to consanguinity '*blodsförvantskap*')

svära to swear, to take an oath

svära falskt to perjure oneself, to commit perjury

syfte intention

syn onsite judicial inspection (of real property, objects that cannot be conveniently brought into court, or the scene of the events) (RB 39 kap 1-2 §)

syn på stället inspection of the premises

syna to inspect, to view

syneman inspector

syssloman agent (as opposed to principal '*huvudman*')

sysslomannaskap agency

såsom för egen skuld as a surety, unconditionally

såvitt ej annat stadgas except as otherwise provided

säga upp ett avtal i förtid to repudiate an agreement

säkerhet guarantee

säkerhet för fordran security for a claim

säkerhet för lån collateral for a loan

Säkerhets- och Integritetsskyddsnämdnen Swedish Commission on Security and Integrity Protection

säkerställa to secure

säkra bevisning to perpetuate evidence, to perpetuate testimony

sälja to sell

säljare seller

sämjelott unofficial parcel

sända på remiss to submit for consideration

särkullbarn child from a previous marriage or relationship

särskild företrädare för barn special legal representation for children (appointed when

151

the parents of a victimized
child unable to protect the
interests of the child because
they or someone closely
related to the child is
suspected of a crime against
the child)

**särskild utskrivningsprövning
(SUP)** special discharge
review (a convict sentenced
to forensic psychiatric care
cannot be discharged by the
physicians there but instead
must have their situation
reviewed by the court in
order to be discharged)

särskild vård special care

särskiljande av mål severance
of cases (RB 14 kap 6 §)

**särskilt kvalificerad
kontaktperson** specially
qualified contact person

särskilt rättsmedel
extraordinary remedy (one
available in situations would
otherwise be nonappealable,
providing relief for
substantive defects in the
form of a new trial '*resning*',

relief for serious procedural
errors '*domvilla*', and
restoration of expired time
for appeal '*återställande av
försutten tid*')

säsongsarbete seasonal
employment

sätt registered office

sätta i taka händer to put in
trust

söka to apply for

sökande applicant (CJEU),
petitioner (bankruptcy)

ta höjd för to take into account,
to allow for, to make
allowance for

ta i förvar to take into custody

ta till protokollet to record in
the minutes

tagande av muta passive
bribery (BrB 10 kap 5a §)

tagande av olovlig väg trespass
to land (BrB 12 kap 4 §)

**tagande av otillbörlig belöning
vid röstning** taking of an
improper reward for voting
(BrB 17 kap 8 §)

**tagande av utländskt
understöd** taking of foreign

rewards (BrB 19 kap 13 §)

tagen på bar gärning caught in the act, caught in flagrante delicto, caught "red handed"

talan (1) action

talan (2) claim

talan om konstitutiv dom action for a judgment declaring a new legal status (such as adoption or divorce)

talan som avser obligationsrätt action in personam

talan som avser sakrätt action in rem

talerätt [*saklegitimation*] standing to sue (USA), locus standi (E&W)

taleändring amendment of claim, amended claim

tandvårdsstöd dental care benefit

taxerad inkomst assessed income

taxering assessment (of taxes)

taxeringsassistent assistant tax auditor

taxeringsbevis assessed value certificate

taxeringsman assessor

taxeringsuppgiftsdel tax assessment data section (one of the five sections of the Real Property Register '*Fastighetsregistret*')

taxeringsvärde tax assessment value

teckna to sign (A and B jointly are entitled to sign on behalf of the company '*firman tecknas av A och B i förening*')

teckna aktier to subscribe for shares

teckna en försäkring to take out insurance

tecknande av avtalet execution of the agreement

teckningsbelopp subscription amount

teckningsberättigad authorized to sign (for the company)

teckningskurs subscription price

teckningsoption warrant (ABL 11 kap. 4 §)

teckningsrätt subscription right (ABL 11 kap. 4 §)

teckningsrättsbevis subscription right certificate

(ABL 11 kap. 4 §)

terminer forwards, futures

terminsaffär forward deal, forward trade, futures contract

terminskontrakt forward contract

terminsleverans forward delivery

testamente will, last will and testament

testamentera (1) to leave by will

testamentera (2) [*fast egendom*] to devise

testamentera (3) [*lös egendom*] to bequeath

testamentsarvinge heir by will, testamentary heir, heir testamentary

testamentsexekutor executor of a will

testamentsgivare testator

testamentstagare (1) [*av fast egendom*] devisee

testamentstagare (2) [*legatarie*] legatee

testamentstagare (3) [*testamentsarvinge*]

residuary legatee, testamentary heir

testamentsvittne testamentary witness, witness to a will

testationshabilitet testamentary capacity

testator testator (person making a will)

tidsbegränsat uppehållstillstånd temporary residence permit

tidsbegränsning time limit

tidsfrist time limit, deadline

tillbakaträdande från brott withdrawal from the commission of a crime

tillbehör fixture (personal property, such as buildings and machinery, that has become attached to the real property)

tillbörlig due

tilldelning av koncessioner award of concessions

tilldelningsbeslut decision to award the contract

tillerkänna to award, to grant

tillfalla to go to

tillfoga (1) to add

tillfoga (2) to cause, to inflict

tillfällig (1) [*då och då*] occasional

tillfällig (2) [*kortvarig*] temporary

tillfällig vistelse temporary abode

tillfällighet coincidence

tillförsäkra to guarantee

tillgodohavande balance

tillgrepp larceny

tillgrepp av fortskaffningsmedel vehicle theft, unlawful taking of a motor vehicle (BrB 8 kap 7 §)

tillgreppsbrott crime of unlawful appropriation

tillgång till rättsväsendet access to the courts

tillgångar assets

tillgångar och skulder assets and liabilities

tillgänglig disposable

tillhandahålla to furnish, to provide

tillit reliance

tillitsgrundsatsen reliance principle (a promisee who in good faith relies on a promise is protected from mistakes made by the promisor, e.g. if a person promises to sell goods for SEK 1000 a kilo but accidentally wrote SEK 100 instead, the buyer is protected from this mistake if he relied on it in good faith, i.e. had no reason to suspect that the figure was wrong)

tillitsprincipen reliance principle (a promisee who in good faith relies on a promise is protected from mistakes made by the promisor, e.g. if a person promises to sell goods for SEK 1000 a kilo but accidentally wrote SEK 100 instead, the buyer is protected from this mistake if he relied on it in good faith, i.e. had no reason to suspect that the figure was wrong)

tillit reliance

tillkännagiva to declare

tillkännagivande declaration

tillräckligt bevis sufficient
evidence

tillräknelig sane

tillräknelighet sanity

tillstå to confess

tillståndsbevis license, permit

tillsvidareanställning
permanent employment

tillsvidareavtal indefinite
contract (contract for an
indefinite term)

tillsyn supervision

**Tillsynsmyndigheten i
konkurser (TSM)**
Supervisory Authority (part
of the Enforcement
Authority '*Kronofogde-
myndigheten*')

tillsättning appointment

tilltalade, den criminal
defendant, the accused

tilltro credibility (of a witness)

tillträda to take possession

tillträdare successor

tillträde to take possession

tillträdesdag date of entry into
possession

tilläggsavtal amendment (to an
agreement)

tilläggstestament codicil (an
attachment to a will)

tillämpa lagen to administer
the law

tillämplig relevant, applicable

tillämplig lag governing law
(heading in a contract)

tillämplig på applicable to

tillämplighet av svensk lag
applicability of Swedish law

tillämpning application

tillämpningsföreskrift
implementing regulation

tillämpningsområde scope

ting court session

tingsfiskal junior judge

tingsnotarie district court clerk

tingsrätt district court

tjuv thief

tjuvgods stolen goods

tjuvlarm burglar alarm

tjuvnadsbrott larceny

tjänande fastighet servient
tenement (land that suffers
or has the burden of an
easement)

tjänste- official

tjänsteavtal [*anställningsavtal*] employment agreement

tjänstebrev official letter

tjänstebrott violation of military duties (BrB 21 kap 14 §)

tjänstefel wrongful exercise of public authority (BrB 20 kap 2 §)

tjänsteman (1) [*i enskild tjänst*] employee

tjänsteman (2) [*i offentlig tjänst*] civil servant, government employee, official

tjänsteplikt official duty

tjänsteuppfinning employee invention

tolka to construe, to interpret

tolkning construction, interpretation

tomt site

tomtkarta land register map

tomträtt site leasehold, ground lease (a site leasehold, also called a ground lease, is a lease of land, as opposed to a lease of a building)

tomträttsavgäld ground rent

tomträttsavtal ground lease agreement

tomträttshavare site lessee

totalentreprenadavtal turnkey contract

totalresultat comprehensive income

tradera to deliver, hand over

Trafikverket Swedish Transport Administration

trakasserier harassment

trakt [*vid fastighets-registrering*] district

traktat treaty

transaktioner med närstående related-party transactions

transportmedel på viss plats means of transportation in a certain place (RB 28 kap. 2 §) (may include roadblocks on highways, sealing off part of the metro system or airport, and control of the trunks of motor vehicles)

Transportstyrelsen Swedish Transport Agency

transportsätt means of conveyance, mode of transportation

transportör carrier

trassat [*växelbetalare*] drawee

trassent [*utställare*] drawer

trassera to draw

tratta draft (Drafts are a three-party instrument whereby one person (the drawer '*trassent*') directs a second (the drawee '*trassat*') to pay money to the third (the payee '*remittent*'))

travaux préparatoires legislative history (A unique feature of Swedish law is that the legislative history preceding enactment of a law is an important source of law, as they are considered to reveal the legislator's intentions.)

tredje man third party

tredjemansavtal third party beneficiary contract

tredska contumacy, refusal to obey

tredskande contumacious

tredskodom default judgment (judgment rendered because of failure to appear '*uteblir*')

tro faith

trolös disloyal

trolöshet mot huvudman disloyalty to principal (BrB 10 kap 5 §)

trolöshet vid förhandling med främmande makt disloyalty in negotiation with a foreign power (BrB 19 kap 3 §)

trosfrid freedom of religion

trossamfund religious community

trovärdigt vittne credible witness

tryckfrihet freedom of the press

tryckfrihetsbrott press libel

trygghet safety, security

träda i kraft to become effective, to enter into force

träffa en överenskommelse to enter into an agreement

tullager bonded warehouse

tullavgift customs duty

tullbedrägeri customs fraud

tullnederlagsgods goods in bond, bonded goods (imported goods stored in a bonded warehouse pending payment of duty and/or

158

taxes by the importer)

tullpliktig dutiable, subject to duty, nonexempt

tullrestitution duty drawback, customs reimbursement

tullstadga customs regulations

Tullverket Customs Office

tumult riot

turordningslista seniority list (when there is a layoff under Swedish law, employers must usually fire first the most recent employee to be hired)

tvegifte bigamy (BrB 7 kap 1 §)

tvetydig ambiguous

tvetydighet ambiguity

tvingande bestämmelse mandatory rule, rule that cannot be contracted out of

tvingande regler mandatory rules

tvingande skäl compelling reason

tvist dispute, controversy

tvista (1) to contend, to dispute

tvista (2) to litigate

tvistefråga matter in controversy, matter in dispute

tvisteföremål subject matter of the dispute

tvistemål civil case, civil action

tvistig controversial, litigious

tvistlösning dispute resolution

tvång (1) coercion

tvång (2) duress (contracts entered into under duress are invalid) (AvtL 3 kap 28-29 §)

tvångs- coercive, compulsory

tvångsförsäljning compulsory sale

tvångsförvaltning compulsory administration

tvångsförvärv compulsory purchase

tvångsingripande mandatory intervention

tvångsintagning compulsory commitment to a mental hospital

tvångsmedel coercive measures in a criminal investigation (two types: coercive measures against the person, e.g., detention and remand in custody, and coercive measures against property, e.g., house search and seizure)

tvångsmässigt återvändande
compulsory return (of
asylum seeker to home
country)

tvåsidig bilateral

tvåsidig rättshandling bilateral
act having legal
consequences (such as a
contract; contracts can in
turn be either unilateral
'*ensidig*' or bilateral '*tvåsidig*')

tyst förutsättning implied
condition

tystnadsplikt duty of
confidentiality

täckningsprincipen the
"coverage principle"
(principle of Swedish
criminal law whereby the
accused's intent must cover
the unlawful act of which he
or she is accused)

umgänge med barn visitation
rights (USA), access to
children (UK)

umgängesrätt visitation rights
(USA), access rights (UK)

undandra sig lagföring to

evade legal proceedings

undandraga sig to evade

undandräkt misappropriation
of entrusted property (BrB
10 kap 2 §)

undanröja to vacate, to quash,
to reverse, to set aside

undanröjande (av beslut, dom)
reversal (of lower court's
order or judgment)

undantag exception

undantagsfall exceptional case

under förbehåll att provided
that

under rättegång during the
proceedings

underdomstol lower court,
court of first instance

underentreprenör
subcontractor

underförstådd implicit, implied

underförstått by implication

underförstått villkor implied
condition

undergrävande av stridsviljan
undermining fighting spirit
(BrB 21 kap 10 §)

undergå to be subjected to

underhandsförsäljning private

sale (as opposed to a public auction)

underhåll (1) maintenance, support

underhåll (2) alimony

underhåll (3) annuity

underhålla to maintain, to support

underhållsberättigad dependent

underhållsbidrag maintenance allowance

underhållsskyldighet maintenance obligation

underhållsstöd maintenance support

underkasta to subject to

underkastad subject to

underlåta to omit

underlåta åtal to forgo prosecution

underlåtelse omission

underlåten kumulation non-joinder

underlåtenhet (1) omission

underlåtenhet (2) non-performance

underlåtenhet att anmäla brott failure to report crime

underlåtenhet att avslöja brott failure to reveal crime

underlåtenhet att avvärja allmän fara failure to avert public danger (BrB 13 kap 10 §)

underlåtenhet att avvärja rättsfel failure to avert judicial error (BrB 15 kap 9 §)

underlåtenhet att hindra brott failure to prevent crime

underlåtenhetsbrott crime of omission

underpant mortgage

underrätt lower court

underrätta to inform, to notify

underrättelse information, notice

underrättelseskyldighet duty to give notice

underrättelsetjänst secret service

underskott deficit

underskottsavdrag tax loss carryforward

underskrift in blanko blank signature (a signature appended to a document,

SVENSK-ENGELSK JURIDIKORDBOK

such as a blank bill or note,
that still has essential parts to
be added and usually
authorizing any person to
whom the document is
delivered to fill in any
amount, subject to any limits
stated in the instrument)

understöd grant, subsidy

understöda to subsidize

undersöka to investigate

undersökning investigation

undersökningsledare
investigating authority

underteckna to sign

undertryckande av urkund
suppression of an instrument
(BrB 14 kap 4 §)

underårig minor, under age
(below the age of 18)

unga lagöverträdare juvenile
offenders, young offenders

ungdomsanstalt juvenile
institution

ungdomsbrottslighet juvenile
delinquency

ungdomsbrottsling juvenile
delinquent, juvenile offender,
young offender

ungdomsdomstol juvenile
court

ungdomsfängelse youth
imprisonment

ungdomsvårdsskola reform
school

universell testamentstagare
residuary legatee

uppbörd collection (of taxes)

uppbördsredovisning tax
accounting

uppbördstermin tax collection
period

uppdelning av aktier stock
split (USA) (ABL 4 kap.
46 §)

uppdragsavtal independent
contractor agreement

uppdragsgivare customer

uppdragstagare contractor

uppehållstillstånd residence
permit (required for persons
from outside the Nordic
region who wish to stay in
Sweden for more than three
months)

uppehälle living, subsistence

uppenbart clearly, manifestly

uppfinning invention (to be

162

SWEDISH-ENGLISH LAW DICTIONARY

patented)

uppfinningshöjd non-obviousness (USA), inventive step (UK)

uppfylla ett avtal to perform a contract

uppfyllelse av avtal performance of a contract

uppförande behavior, conduct

uppförandekod code of conduct

uppgift i fastighetsregistret entry in the land register

uppgiftslämnare informant

uppgörelse settlement

upphandlare buyer

upphandling procurement

upphandlingsansvarige procurement officer

upphovsman creator, author, originator

upphovsrätt (1) copyright

upphovsrätt (2) copyright law

upphovsrättsinnehavare copyright holder, copyright owner

upphäva en lag to repeal a law

upphävande av dom reversal of a judgment

upphöra att gälla [*om lag*] to become inoperative

upplopp riot (BrB 16 kap 1 §)

upplupen ränta accrued interest

upplåta to grant

upplåta rättighet to grant a right

upplåtare grantor

upplåtelse av en licens licensing, grant of a license

upplåtelse i andra hand sublicense, subgrant

upplåtelseavtal license agreement

upplösa to dissolve, to wind up

upplösa en överenskommelse to terminate an agreement

upplösande villkor condition subsequent

upplösning av äktenskapet dissolution of marriage (ÄktB 5 kap 1 §)

uppror sedition (BrB 18 kap 1 §)

upprätta ett avtal to draw up an agreement

upprätta ett testamente to make a will

upprätthålla lugn och ordning to preserve law and order

uppskatta to estimate, to value

uppskattning estimate, valuation

uppskjuta to adjourn, to postpone, to suspend, to stay

uppskjuta på obestämd tid to adjourn sine die

uppskov adjournment, postponement, suspension, stay

uppsåt [*dolus*] intent (as opposed to negligence '*oaktsamhet*')

uppsåtlig skadegörelse intentional harm (also called '*dolus*', as opposed to negligence '*culpa*' or '*oaktsamhet*')

uppsåtligen intentionally (as opposed to negligently '*oaktsamt*' or '*culpöst*')

uppsäga ett avtal to terminate an agreement

uppsäga utan giltig anledning to terminate without cause

uppsägning termination, notice of termination

uppsägningstid notice period

uppsätta (dom, beslut) to draft a judgment, to draft a decision

uppta bevis to take evidence

uppta talan to entertain a claim

upptagande av bevis taking of evidence

uppteckna to record

uppträda [*inför domstol*] to appear (in court)

uppvigling instigation of rebellion (BrB 16 kap 5 §)

urkundsförfalskning forgery (BrB 14 kap 1 §)

ursprunglig kumulation original joinder

usans [*handelsbruk*] trade custom

utan hinder av without prejudice to

utan regress without recourse

utan verkan null and void

utbetalning disbursement

utbud condition (of property)

utbyte av ett brott proceeds of a crime

utdelning till aktieägare dividends, distribution to shareholders

utdelningsbar vinst

distributable profit

utdöma vite to impose a fine

utdömande av vite imposition
of a fine

utebli to fail to appear in court
(If the defendant fails to
appear, the plaintiff can
move for a default judgment
'*tredskodom*'.)

utebliven vinst lost profits

utevaro failure to appear in
court (RB 44 kap)

utfråga to question, to
interrogate

utfärda en lag to promulgate a
law, to enact a law

utfärda stämning to issue a
summons

utfärdande promulgation,
enactment

utfärdande av föreläggande
issuance of an injunction

utfärdande medlemsstat
issuing member state

utfärdande rättslig myndighet
issuing judicial authority

utföra skyldigheter to perform
obligations

utföra talan to prosecute an

action

utföra åtal to prosecute an
action

utförandeentreprenad
construction contract

utförandegaranti performance
bond

utge ersättning to pay damages

utgift expense

utgå to expire

utgång expiration

uthyrningsgrad occupancy rate

utkast draft

utkast till yttrande draft
opinion

utlåtande report

utlägg expenditure

utlämna [*till främmande land*]
to extradite (to another
country)

utlämning extradition

utlämningstraktat extradition
treaty

utländsk medborgare alien

utlänning alien

utmäta to attach and sell

utmätning seizure, levy of
execution, foreclosure

utmätning av lön garnishment

(of salary or wages) (USA),
attachment of earnings
(E&W)

utmätningsman execution
officer (*US equivalent*: sheriff,
UK equivalent: bailiff)

**utnyttjande av barn för sexuell
posering** exploitation of a
child for sexual posing (BrB
6 kap 8 §)

utnämning [*förordnande*]
appointment, designation

utom rimligt tvivel beyond a
reasonable doubt (USA),
beyond reasonable doubt
(E&W)

utom rätta out of court,
extrajudicial

utomobligatoriskt ansvar tort
liability (USA), liability in tort
(USA), tortious liability
(E&W)

utomobligatoriskt skadestånd
tort damages, damages to be
paid for tortious or criminal
conduct

utomstående aktier
outstanding shares

utpressa to blackmail

utpressare blackmailer,
extortionist

utpressning extortion (BrB 9
kap 4 §)

utreda to examine, to investigate

utredare examiner, investigator

utredning examination,
investigation

utredningsbeslut investigation
order

Utrikesdepartementet (UD)
Ministry for Foreign Affairs

utsaga statement, testimony

utskott committee

utskottsbetänkande (bet.)
committee report

utslag (1) decision, ruling (of a
court)

utslag (2) verdict (of a jury)

utslussning (från fängelse)
transition (from prison)

utspädning dilution (of
ownership)

utställare drawer (of a draft or
bill of exchange)

utsätta to schedule (to schedule
a hearing '*utsätta en
förhandling*')

utsökning debt enforcement

procedures

Utsökningsbalken (UB) (1981:774) Enforcement Code

utsökningsrätt right to recover debts via enforcement orders

utsökningsärende debt enforcement matter

uttaxera to assess, to levy

uttaxering assessment, levy

uttryckligen expressly

utvandrare emigrant

utvandring emigration

utveckling development, trend, growth, increase

utvidgat gärningsmannaskap joint criminal enterprise

utvisa to expel

utvisning expulsion, deportation (These two terms are synonyms, but 'expulsion' is more often used in the context of international law, while 'deportation' is more used in national law.)

utöva advokatyrket to practice law

utöva våld to use violence

vad appeal ('*Vad*' is an antiquated term; the modern term is '*överklagande*'.)

vadeanmälan notice of appeal

vadeinlaga appeal petition

vadekärande appellant (Prior to the 1994 amendments to RB, the appellant was called '*vadekärande*' in cases called '*vademål*'.)

vadesvarande appellee, respondent (Prior to the 1994 amendments to RB, the appellee was called '*vadesvarande*' in cases called '*vademål*'. Now the appellee is called the '*motpart*'.)

vadetalan appeal

vakthavande befäl inspector on duty

val av tillämplig lag choice of law

valberedning nominating committee

valfri optional

valfrihet option

vallning visit to the scene of the crime

valuta currency

valutakurs exchange rate

vandelsintyg certificate of
conduct

vaneförbrytare habitual criminal

vanemässig habitual

vanlig person individual,
natural person

vapeninnehav possession of
weapons

vapenvägran conscientious
objection

var för sig severally (as opposed
to jointly and severally '*en för
alla och alla för en*')

vara domför to constitute a
quorum

vara i kraft to be in force

vara myndig to be of age

vara till gagn för to inure to the
benefit of

varans beskaffenhet condition
of the goods

varningsstraff caution

varsel om strejk notice of a
strike

varselavgift fine for failure to
give notice

varselskyldighet duty to give
notice, obligation to give
notice

varuavsändare consignor,
dispatcher

varubörs commodities exchange

varubörsmäklare commodities
broker

varuförsändelse consignment
(of goods)

varuinförsel entry of goods

varulager inventories

varumärke trademark (USA),
trade mark (UK)

Varumärkeslag (2010:1877)
Trademark Act

varuparti shipment

varuprisindex commodity price
index

vederbörande the person
concerned, the person in
question

vederbörligen duly

vedergälla to retaliate

vederhäftig reliable, trustworthy

vederlag valuable consideration

vederlägga to refute, to
disprove

verkan av passivitet estoppel
by laches

verkande operative

verkligt värde fair value

verksamhet business

verksamhetsår fiscal year (USA), financial year (UK)

verkställa en dom to enforce a judgment, to execute a judgment

verkställande direktör chief executive officer (CEO), managing director (not to be abbreviated as 'MD', which stands for 'medical doctor', or as 'VD', which stands for 'venereal disease' in English)

verkställighet execution

verkställighet av utländsk skiljedom enforcement of a foreign arbitral award

vid anfordran on demand

vid ett eller flera tillfällen on one or more occasions (not 'on one or several occasions')

vid uppvisandet at sight

vid varans mottagande on receipt of the goods

vid vite under penalty of a fine

vid årsskiftet at year-end

vid äventyr att under penalty of, at the risk of

vid äventyr av vite under penalty of a fine

vidarebosättning resettlement

vidimeras certified to be a true copy

vidta lagliga åtgärder to take legal proceedings

vidta åtgärder to adopt measures, to take measures, to take action

vigsel marriage ceremony, wedding

vigselbevis marriage certificate

vikariat temporary substitute employment

vikarie substitute

vikariera för to stand in for

vilandeförklara to stay the proceedings, to order a stay of the proceedings (to stay means to suspend them)

vilandeförklaring av mål stay of the proceedings

viljeförklaring declaration of intent

villfarelse error, mistake

villkor condition, term

villkorlig conditional

villkorlig dom suspended

sentence (convicted person is put on probation for two years instead of being imprisoned, cf. *skyddstillsyn*)

villkorlig frigivning parole (BB 26 kap 6 §)

villkorligt frige to parole, to release on parole

villkorligt frigiven person parolee, person released on parole

villkorligt köp conditional sale

villkorslös accept unconditional acceptance

vilseleda to mislead, to deceive

vilseledande affärsmetod misleading commercial practice

vilseledande om kommersiellt ursprung confusion marketing (selling products or services together in a way that makes it very difficult to decide which company's products or services are cheapest)

vilseledande reklam misleading advertising

vindikationsrätt right to

recover one's property from a wrongful possessor

visiteringsorder search warrant

vistelse residence

vite (1) administrative fine

vite (2) liquidated damages (must not be a 'penalty' to be enforced under American law, but in Swedish law the term '*vite*' is used for the same concept)

vitesförbud prohibition under penalty of a fine

vitesföreläggande imposition of an administrative fine

vitsorda to testify to, to confirm

vittna to testify (USA), to give evidence (E&W)

vittne witness (RB 36 kap 1 §) (In American law, a party can be a witness and in that case is referred to a "party witness," but in Swedish law, only people who are not parties to the case can be witnesses.)

vittnesattest witness's attestation

vittnesbevis testimonial

evidence

vittnesbås witness stand (USA), witness box (E&W)

vittnesbänk witness stand (USA), witness box (E&W)

vittnesed oath administered to a witness (RB 36 kap 11 §)

vittnesersättning [*vittneslön*] witness fee (reimbursement of costs of appearing as witness) (RB 36 kap 24 §)

vittnesförhör examination of a witness, witness examination (RB 36 kap 17 §)

vittnesgill competent to testify

vittneskallelse subpoena of a witness (USA), witness summons (E&W) (RB 36 kap 7 §)

vittneslön [*vittnesersättning*] witness fee (reimbursement of costs of appearing as witness) (RB 36 kap 24 §)

vittnesmål witness testimony

vittnesplikt duty to testify (USA), duty to give evidence (E&W)

vittnesutsaga oral testimony (USA), evidence (E&W)

votering [*omröstning*] voting

vräka to evict

vräkning eviction

våda [*olyckshändelse*] accident

våld force, violence

våld eller hot mot förman violence or threat against a superior (BrB 21 kap 8 §)

våld mot tjänsteman violence against an official (BrB 17 kap 1 §)

våldsam violent

våldsamt motstånd violent resistance (BrB 17 kap 4 §)

våldsamt upplopp violent riot (BrB 16 kap 2 §)

våldsanvändning use of violence

våldsbrott crime of violence, violent crime

våldshandling act of violence

våldsmonopol the State's monopoly of the legitimate use of physical force

våldta to rape

våldtäkt rape (BrB 6 kap 1 §)

våldtäkt mot barn rape of a child (BrB 6 kap 4 §)

våldtäktsman rapist

vålla to cause, to be the cause of

vållande (den) the offender

vållande [*oaktsamhet*] negligence

vållande till annans död causing the death of a person (BrB 3 kap 7 §)

vållande till kroppsskada eller sjukdom causing bodily injury or illness (BrB 3 kap 8 §)

vållande till miljöstörning negligently causing harm to the environment

vållandeansvar liability based on fault (as opposed to strict liability)

vållandebrott criminal negligence

vård care

vård- eller påverkanssanktion care or influence sanction

vårdbehov need of care

vårdbidrag care allowance

vårdcentral health care center

vårdintyg institutional psychiatric care certificate

vårdnad av barn custody of children (FB 6 kap)

vårdnadsbidrag childcare allowance

vårdnadshavare custodian (a child's custodians are responsible for the child's personal needs, while guardians '*förmyndare*' are responsible for the child's financial affairs) (FB 6 kap 3 §)

vårdnadshavare, vara to have custody of a child

vårdnadstvist custody dispute

vårdslös careless, negligent

vårdslös finansiering av mutbrott negligent financing of bribery (BrB 10 kap 5e §)

vårdslös försäkran negligent affirmation (BrB 15 kap 10 §)

vårdslös tillvitelse negligent incrimination (BrB 15 kap 7 §)

vårdslöshet negligence

vårdslöshet med gift eller smittämne negligent handling of poisonous or contagious substances (BrB 13 kap 9 §)

vårdslöshet med hemlig

uppgift negligent handling
of defense secrets (BrB 19
kap 9 §)

vårdslöshet mot borgenärer
conduct jeopardizing
creditors (BrB 11 kap 3 §)

väcka misstanke to arouse
suspicion

väcka talan to file a claim, to
bring an action

väcka åtal to file charges

väckande av allmänt åtal
indictment (RB 45 kap. 1 §)

vädja to appeal

väghållning road maintenance

vägra to refuse

vägran refusal

vägrätt right of way

väktare private security guard

välgrundat duly substantiated

väpnat hot mot laglig ordning
armed threat against the
established order (BrB 18
kap 3 §)

värdepapper security

värdepapperisering
securitization

värdepapperkredit securities

loan

värdepappersdeponering
custody of securities

värdepappersportfölj securities
portfolio

värdering appraisal

värderingsman appraiser

värderingsobjekt property to
be appraised

värdestegring increase in
property value

värdland host country

värnplikt compulsory military
service

väsentlig material (meaning
'significant', as opposed to de
minimis or immaterial,
meaning 'insignificant')

väsentligt avtalsbrott material
breach of contract

växel bill of exchange

växelbetalare [*trassat*] drawee

växelinnehavare holder of a bill
of exchange

växelkurs exchange rate

växelprotest protest of a bill of
exchange or draft

växelremittent payee (under a
draft or bill of exchange)

yppa to disclose, to divulge, to reveal

yppandeförbud non-disclosure order (order not to disclose matters revealed during the questioning of the defendant) (RB 23 kap 10 §)

yrka to claim, to demand

yrka ansvar på någon för något to charge someone with something

yrkande (1) [*processuellt*] motion, application

yrkande (2) [*sakligt*] prayer for relief, demand for relief, relief sought

yrkande om avvisning motion to dismiss

yrkesarbetare skilled worker

yrkeserfarenhet professional experience, work experience

yrkesförbrytare habitual criminal

yrkeshemlighet trade secret

yrkesskada occupational injury

yrkesskadeförsäkring workers compensation insurance

yrkesutbildning vocational training

yttersta vilja last will

yttrandefrihet freedom of speech

Yttrandefrihetsgrundlagen (YGL) (1991:1469) Fundamental Law on the Freedom of Expression

åberopa to refer to, cite, invoke

åberopa preskription to plead the statute of limitations

åberopa som vittne to call as a witness (RrB 36 kap 4 §)

åberopsbörda burden of pleading, burden of allegation

ådra sig ansvar to incur liability

ådra sig skulder to incur debts

ådöma to sentence

ådöma någon böter to fine someone, to impose a fine on someone

ådöma någon fängelse to sentence a person to imprisonment

ådöma skadestånd to award damages against

åklagare prosecutor

Åklagarmyndigheten Swedish Prosecution Authority

174

åklagarområde public prosecution area

åklagarvittne prosecution witness, witness for the prosecution

ålder age

åldersbetyg birth certificate

ålderspension national old age pension plan

åligga to be incumbent upon

ångerrätt right to cancel a purchase

årligt anslag annuity

årsstämma annual meeting (USA), annual general meeting (UK) (ABL 7 kap 10 §)

åsidosätta (1) to set aside, overrule

åsidosätta (2) to neglect, to disregard

åsikt opinion

åsikts- och yttrandefrihet freedom of opinion and expression

åtagande commitment

åtal prosecution

åtal mot läkare för tjänstefel medical malpractice suit

åtala to prosecute, to indict

åtalade (den) the defendant (in a criminal case, as opposed to the defendant '*svarande*' in a civil case)

åtalbar indictable

åtals väckande indictment (RB 45 kap 1 §)

åtalsbeslut decision to prosecute

åtalsgrund ground of the prosecution

åtalsplikt duty to prosecute

åtalspreskription statutory limitation on criminal prosecution

åtalspunkt charge, count

åtalsrätt right to bring an action, right to prosecute

åtalsunderlåtelse waiver of prosecution, nolle prosequi (Despite the requirement of mandatory prosecution '*absolut åtalsplikt*' in Swedish law, the prosecutor may waive prosecution if no compelling public or private interest is disregarded.) (RB 20 kap 7 §)

återanpassa to rehabilitate

återanpassning rehabilitation

återanställning reemployment

återanvända to recycle

återbetala to refund, to reimburse

återbetala en skuld to retire a debt

återbetalbar refundable

återbetalning repayment, reimbursement, refund, restitution, payback

återbryta to reverse, to quash, to set aside, to annul, to declare void

återbrytande reversal, quashing, annulment

återbäring refund, rebate, repayment

återfall i brott recidivism

återfall i missbruk drug relapse, alcohol relapse

återfallsförbrytare habitual offender, repeat offender

återförhör reexamination

återförsäkring reinsurance

återförvisa ett mål to remand a case (to the court below)

återförvisning remand

återgå to be terminated, to be rescinded

återgång (1) [*av avtal*] rescission (of a contract)

återgång (2) [*av äktenskap*] annulment (of a marriage)

återintegrering reintegration

återkalla (1) [*krav, talan*] to discontinue, to withdraw

återkalla (2) [*lag*] to repeal (a law)

återkalla (3) [*beslut*] to cancel (an order)

återkalla (4) [*testamente, körkort*] to revoke (a will, a driver's license)

återkalla talan to withdraw a claim (RB 13 kap 5 §)

återkalla åtal to withdraw an action

återkallande av anbud revocation of a bid

återkallande av flyktingstatus withdrawal of refugee status

återkallande av talan withdrawal of an action (In cases that can be settled out of court '*dispositiva tvistemål* if

176

the plaintiff withdraws his action after the defendant has submitted his answer, the case will be tried on the merits despite the withdrawal if the defendant so requests.)

återkallelse av sålda varor recall of sold goods

återkravsrätt [*condictio indebiti*] right to recover an amount paid in error

återkräva to claim, to demand the return of, to recover

återkräva det felaktigt utbetalda bidraget to recover the amount wrongly paid, to recover the amount paid in error

återköpsavtal repurchase agreement

återställande av försutten tid restoration of expired time (for filing an appeal where the person was prevented from filing by a circumstance that constitutes a legal excuse '*laga förfall*' provided that the person was not able to notify the court of such

circumstance prior to the expiration of the deadline for appeal)

återtaga ett arrendeställe to repossess a leasehold property

återtagningsrätt right of repossession

återuppta to resume

återuppta ett mål to reinstate a case

återuppta till behandling to review

återvinning reopening (of a default judgment)

återvinning i konkurs clawback (recovery in bankruptcy)

återvinningsvärde recoverable amount

återvändande return (of asylum seeker to home country)

återvändandeland country of return

åtgärdsföreläggande remedial injunction

åtkomst acquisition

åtkomsthandling title deed

åverkan crime inflicting minor damage

åverkan på något damage to something

äga laga kraft to have force of law

äga lika vitsord to be equally authoritative

äga motsvarande tillämpning to be applicable by analogy

äga rätt till to be entitled to

äga tillämpning to be applicable

äga vitsord (1) to be admissible in evidence

äga vitsord (2) to prevail, to govern

äga återgångstalan to have a right to recourse

äganderätt ownership

äganderättsförbehåll reservation of title, reservation of ownership

äganderättshandling title deed

äganderättsöverlåtelse transfer of ownership

ägare owner

ägare- proprietary

ägarhypotek excess security

ägarlägenhet owner-occupied apartment, condominium

äktenskap marriage, wedlock, matrimony

äktenskapliga rättigheter conjugal rights

Äktenskapsbalken (ÄktB) (1987:230) Marriage Code

äktenskapsbetyg certificate of marital capacity

äktenskapsbrott adultery

äktenskapsförord marital property agreement (whereby spouses agree that all or part of their property will be separate property)

äktenskapshinder impediment to marriage (ÄktB 2 kap)

äktenskapsskillnad divorce, dissolution of marriage (ÄktB 5 kap)

ämbetsansvar official responsibility

ämbetsman official, public official

ämbetsverk government agency, government office

ändra to change, to modify, to amend

ändrade förhållanden changed circumstances

ändring modification, amendment

ändringar i bolagsordningen bylaws amendments, amendments of the bylaws

ändringarna i lagen amendments to the law

ändringsbegäran change request (CR) (in connection with public procurement)

ändringsdispens leave to appeal based on the need to amend the lower court's decision

ändringsmarkera ett avtal to blackline a contract, to track changes in a contract

ändringsmarkerat avtal contract mark-up, blacklined contract

änkepension widow's pension

ärekränka to defame, to libel, to slander

ärekränkande defamatory, libelous, slanderous

ärekränkande påstående defamatory statement

ärekränkning defamation, libel, slander (Defamation is a crime under Swedish law, but a tort under American law, and that truth '*sanningsbevis*' is a defense to defamation) (BrB 5 kap)

ärende (1) case, matter

ärende (2) non-contentious matter

ärende på dagordning agenda item, item on the agenda

ärendebalans pending cases, pending matters

ärftlig hereditary

ärva to inherit

Ärvdabalken (ÄB) (1958:637) Inheritance Code

ögonvittne eye witness

öknamn alias

ömsesidig mutual, reciprocal

ömsesidighet reciprocity

ömsesidigt bindande mutually binding

ömsesidigt förpliktande avtal bilateral contract

öppen anstalt open prison, open jail

öppen psykiatrisk vård noninstitutional psychiatric care

179

öppenhet transparency

öppet köp purchase on approval (purchase with right to return the item within a stated period of time and receive one's money back, without stating a reason for the return)

överbevisa to convince

överbjuda to outbid

överbud higher bid

överdomare chief justice

överdomstol superior court, upper court

överenskomma to agree

överenskommelse agreement

överenskommelse om säte headquarters agreement (Every intergovernmental organization has a headquarters agreement with its host country, spelling out who will provide the building or land on which it will stand, what taxes may be levied on what, what privileges and immunities the staff will have, etc.)

överenskommelse om

tjänstenivå service level agreement (SLA)

överensstämmelse compliance

överensstämmelseintyg certificate of compliance

överfall attack, assault

överfalla to assault

överfallsskydd assault protection (insurance for personal injuries caused by crimes such as assault, sexual offenses and robbery)

överflytta to transfer

överflyttning transfer

överföra to transfer

överföring av interner transfer of prisoners

överföringar remittances (financial transfers from migrants to beneficiaries in their countries of origin)

överförmyndare chief guardian

överge to abandon, to desert

övergivande abandonment

övergrepp i rättssak obstruction of justice (BrB 17 kap 10 §)

övergående transitory

övergångsbestämmelser

transitory provisions

överklaga to appeal

överklaga underrättens dom
to appeal the lower court's
judgment (USA), to appeal
against the lower court's
judgment (E&W)

överklagande appeal (RB 49
kap)

överklagat avgörande decision
being appealed (USA),
decision being appealed
against (E&W)

överlagd aforethought,
premeditated

överlåta to transfer, to assign, to
convey

överlåtare assignor, transferor

överlåtbar transferable

överlåtbarhet transferability

överlåtbart värdepapper
negotiable instrument

överlåtelse assignment, transfer,
conveyance (main types are
sale '*köp*', gift '*gåva*' and swap
'*byte*')

överlåtelse av aktier transfer of
shares

överlåtelse av ett hyresavtal

assignment of a lease

överlåtelseavtal deed of
conveyance

**överlåtelsebegränsningar av
aktier** restrictions on share
transferability

överlåtelsehandling deed of
conveyance

överlåtningsbar transferable,
assignable

överlägga to deliberate

överläggning deliberation (RB
17 kap 9 §) (Before it hands
down a judgment, the court
meets for deliberation, which
is held in direct conjunction
with the trial
'*huvudförhandling*'. In
complicated cases, judgment
can be pronounced later,
within two weeks of trial.)

överlämnande till särskild vård
committal to special care
(BrB 31 kap)

överpröva to review

överprövning review procedure

överrätt appellate court

överskjutande aktier excess
shares (ABL 4 kap 47 §

överskott surplus

övertagande av varan taking
delivery of the goods

övertagare assignee, transferee

övertidsersättning overtime
pay

övertrassera to overdraw

övertrassering overdraft

överträda to infringe, to violate

överträda lagen to violate the
law, to break the law

överträdelse offense, violation

överträdelse av myndighets

bud violation of an official
order (BrB 17 kap 13 §)

övervakare probation officer

övervakning monitoring

överviktsprincipen rule of the
preponderance of evidence

övervägande allmänintresse
overriding public interest

överåklagare head prosecutor

övriga ärenden any other
business (item on the agenda
'*dagordning*' of a meeting)

ABBREVIATIONS/FÖRKORTNINGAR

./.	versus (v.) ('mot')
1LU, 2LU	Första lagutskottet, andra lagutskottet etc.
a.a.	anfört arbete
a.st.	anfört ställe
AB	Allmänna bestämmelser
ABBL	Lagen om allmänna barnbidrag
ABF	Aktiebolagsförordningen
ABL	Aktiebolagslagen
ABLP	Lagen om införande av aktiebolagslag
AckL	Ackordslagen
AD	Arbetsdomstolen
AF	Alkoholförordningen
AFDL	Lagen om allmänna förvaltningsdomstolar
AFL	Lagen om allmän försäkring
AL	Alkohollagen
ALU	Andra lagutskottet
AMF	Arbetsmiljöförordningen
AML	Arbetsmiljölagen
AnlL	Anläggningslagen
APL	Lagen om allmän pensionsavgift
ArbetstvistL	Lagen om rättegången i arbetstvister
ArkivL	Arkivlagen
AU	Riksdagens arbetsmarknadsutskott
AvbetKL	Lagen om avbetalningsköp mellan näringsidkare m.fl.
AvgF	Avgiftsförordningen
AVL	Lagen om förbud mot oskäliga avtalsvillkor
AvtL	Avtalslagen
AvtvillkL	Lagen om avtalsvillkorslag i konsumentförhållanden
BABL	Bankaktiebolagslagen
BB	Byggningabalk
BDFL	Lagen om bidragsförskott
BehandlL	Lagen om behandling av häktade och anhållna m.fl
BetsL	Betalningssäkringslagen
BFF	Bokföringsförordningen
BFL	Bokföringslagen
BFN	Bokföringsnämnden
BL	Begravningslagen
BoU	Riksdagens bostadsutskott
BP	Lagen om införande av nya giftermålsbalken
BrB	Brottsbalken

BrL	Bostadsrättslagen
BrP	Lagen om införande av brottsbalken
Brå	Brottsförebyggande rådet
BUP	Barn- och ungdomspsykiatri
CheckL	Checklagen
CU	Civilutskottet
DataF	Dataförordningen
DelgF	Delgivningsförordningen
DelgL	Delgivningslagen
DjsL	Djurskyddslagen
DlgL	Delgivningslagen
DO	Ombudsmannen mot etnisk diskriminering
E&W	England and Wales
EKMR	Lagen om den europeiska konventionen angående skydd för de mänskliga rättigheterna och de grundläggande friheterna
ErFL	Lagen om ersättningsfonder
ErsL	Lagen om ersättning för kostnader i ärenden och mål om skatt m.m.
EUN	EU-nämnden
Exml	Lagen om expansionsmedel
Exprk	Expropriationskungörelsen
ExprL	Expropriationslagen
F	Fråga
FAL	Lagen om försäkringsavtal
FAM	Förordningen om arbetsmarknadsutbildning
FAR	Föreningen auktoriserade revisorer
FAV	Förordningen om den arbetsmarknadspolitiska verksamheten
FB	Föräldrabalken
FBL	Fastighetsbildningslagen
FBLP	Lagen om införande av fastighetsbildningslagen
FEF	Förordningen om ekonomiska föreningar
FFA	Förordningen om farligt avfall
FHSF	Förordningen om hantering av statliga fordringar
FIL	Lagen om företagsinteckning
FiU	Riksdagens finansutskott
FKP	Förordningen om kemiska produkter
FKV	Förordningen om vissa kvicksilverhaltiga varor
FL	Förvaltningslagen
FLL	Föräldraledighetslagen
FLU	Första lagutskottet
FML	Fastighetsmäklarlagen
FP	Lagen om införande av föräldrabalken
FPCB	Förordningen om PCB m.m.

FPL	Förvaltningsprocesslagen
FPM	Regeringskansliets faktapromemorior
FR	Förslag och redogörelse
FRA	Försvarets radioanstalt
FRF	Försäkringsrörelseförordningen
FRI	Förordningen om rättsväsendets informationssystem
FRL	Försäkringsrörelselagen
FrämjandeL	Lagen om vissa anställningsfrämjande åtgärder
FSL	Lagen om statlig fastighetsskatt
FtaxL	Fastighetstaxeringslagen
FTL	Fastighetstaxeringslagen
FUK	Förundersökningskungörelsen
FUL	Lagen om beskattningen vid fusioner, fissioner och verksamhetsöverlåtelser
FUP	förundersökningsprotokoll
FUV	Förordningen om utländska varumärken m.m.
FvL	Förvaltningslagen
FvPrL	Förvaltningsprocesslagen
FöU	Riksdagens försvarsutskott
GB	Giftermålsbalken
GBFL	Bokföringslagen
GLSK	Lagen om självdeklaration och kontrollavgifter
GYF	Gymnasieförordningen
GåvoL	Lagen angående vissa utfästelser om gåva
HB	Handelsbalken
HBL	Lagen om handelsbolag och enkla bolag
HD	Högsta domstolen
HovR	Hovrätt
HSL	Hälso- och sjukvårdslagen
hsp	högerspalt
HVB	Hem för Vård eller Boende
I	Interpellation
IL	Inkomstskattelagen
IndrivningsF	Indrivningsförordningen
InkassoL	Inkassolagen
InsiderL	Insiderlagen
interp.	Interpellation
ISFV	Förordningen med instruktion för Sjöfartsverket
IVO	Inspektionen för vård och omsorg
JB	Jordabalken
JO	Justitieombudsmannen
JoU	Riksdagens jordbruksutskott
JP	Lagen om införande av nya jordabalken

185

JT	Juridisk tidskrift
JuU	Riksdagens justitieutskott
JvSL	Järnvägssäkerhetslagen
JvTrL	Järnvägstrafiklagen
JämO	Jämställdhetsombudsmannen
KapUL	Lagen om beräkning av kapitalunderlaget vid beskattning av ägare i fåmansföretag
KB	Konungens befallningshavare
Kcirk	Kunglig cirkulär
KF	Kunglig förordning
KFL	Konsumentförsäkringslagen
Kfs	Kommunal författningssamling
Kförkl	Kunglig förklaring
KK	Kunglig kungörelse
KKL	Konsumentköplagen
KkL	Körkortslagen
KkrL	Konsumentkreditlagen
KköpL	Konsumentköplagen
KL	Kommunallagen
KML	Kollektivmärkeslagen
KO	Konsumentombudsmannen
KommL	Lagen om kommission, handelsagentur och handelsresande
KonkL	Konkurslagen
KonsTjL	Konsumenttjänstlagen
KPr	Kunglig proposition
KR	Kammarrätt
Kres	Kunglig Resolution
KrU	Riksdagens kulturutskott
KskL	Kommunalskattelagen
KSkr	Kungl. Skrivelse
KtjL	Konsumenttjänstlagen
KU	Riksdagens konstitutionsutskott
KUF	Kreditupplysningsförordningen
KUL	Kreditupplysningslagen
KUU	Sammansatta konstitutions- och utrikesutskottet
KÖL	Lagen om uppskov med beskattning vid andelsöverlåtelser inom koncerner
KöpL	Köplagen
LAF	Lagen om allmän försäkring
LAH	Lagen om arrendenämnder och hyresnämnder
LAS	Lagen om anställningsskydd
LASS	Lagen om assistansersättning
LASKF	Lagen om arbetsskadeförsäkring

LAU	Lagen om avdrag för underskott i näringsverksamhet
LBF	Lagen om bidragsförskott
LBP	Lagen om beräkning av pensionsgrundande inkomst enligt lagen om allmän försäkring
LDFH	Lagen om dödande av förkommen handling
LFA	Lagen om förenklad aktiehantering
LFR	Lagen om företagsrekonstruktion
LGF	Lönegarantiförordningen
LGL	Lönegarantilagen
LIGO	Lagen om inkomstbeskattningen vid gränsöverskridande omstruktureringar
LIP	Lagen om inkomstgrundande ålderspension
LISF	Lagen om indrivning av statliga fordringar
LKA	Lagen om kriminalvård i anstalt
LKVV	Lagen om kapitaltäckning och stora exponeringar för kreditinstitut och värdepappersbolag
LNF	Lagen om näringsförbud
LOA	Lagen om offentlig anställning
LOB	Lagen om omhändertagande av berusade personer
LOFV	Lagen om finansieringsverksamhet
LOMB	Lagen om medlemsbanker
LOR	Lagen om revisorer
LOU	Lagen om offentlig upphandling
LPP	Lagen om punktskatter prisregleringsavgifter
LPT	Lagen om psykiatrisk tvångsvård
LRA	Lagen om rättegången i arbetstvister
LRV	Lagen om rättspsykiatrisk vård
LSII	Lagen om skatteregler för ersättning från insättningsgaranti och investerarskydd
LSK	Lagen om självdeklaration och kontrolluppgifter
LSO	Lagen om skydd mot olyckor
LSP	Lagen om strategiska produkter
LSPV	Lagen om beredande av sluten psykiatrisk vård i vissa fall
LSS	Lagen om stöd och service till vissa funktionshindrade
LSt	Länsstyrelsen
LTP	Lagen om psykiatrisk tvångsvård
LU	Riksdagens lagutskott
LUF	Lagen om upphandling inom försörjningssektorerna
LUL	Lagen om särskilda bestämmelser om unga lagöverträdare
LVM	Lagen om vård för missbrukare
LVU	Lagen om vård för unga
LÅ	Lagen om årsredovisning m.m. i vissa företag
M	Motion

MB	Miljöbalken
MBL	Lagen om medbestämmande i arbetslivet
m.b.p.a.	med begränsad personlig ansvarighet
MD	Marknadsdomstolen
mem.	Utskottsmemorial
MFL	Marknadsföringslagen
m.h.p.p.	med hand på penna
MJU	Riksdagens miljö- och jordbruksutskott
MK	Mellankommunala skatterätten
ML	Lagen om mervärdeskatt
MO	Militieombudsmannen
Mot	Motion
MP	Lagen om införande av miljöbalken
MVL	Lagen om skattemyndigheters medverkan vid brottsutredningar
MVSF	Mervärdesskatteförordningen
NBFL	Bokföringslagen
NFT	Nordisk försäkringstidskrift
NJA	Nytt juridiskt arkiv
NO	Näringsfrihetsombudsmannen
Nop	Näringslivets opinionsnämnd
NPF	Nationalparksförordningen
NR	Nordiska rådet
NSAL	Ny socialavgiftslag
NSL	Narkotikastrafflagen
NU	Riksdagens näringsutskott
OSL	Offentlighets- och sekretesslagen
OTA	Lagen om offentliga tillfälliga arbeten för äldre arbetslösa
P	Proposition
PAL	Produktansvarslagen
PBF	Plan- och byggförordningen
PBL	Plan- och bygglagen
PBR	Patentbesvärsrätten
PL	Patentlagen
PMD	Patent- och Marknadsdomstolen
PO	Pressens opinionsnämnd
PoIT	Post- och Inrikes Tidningar
PreskrL	Preskriptionslagen
prop.	Proposition
PRV	Patent- och registreringsverket
PUL	Personuppgiftslagen
R.S.t.	Rikets ständer
RB	Rättegångsbalken

RD	Riksdagens protokoll
Rd.rev.	Riksdagens revisorers berättelse
RegF	Regeringsformen
RegR	Regeringsrätten
RF	Regeringsformen
RFL	Lagen om räntefördelning vid beskattning
RhjF	Rättshjälpsförordningen
RhjL	Rättshjälpslagen
RI	Rättsväsendets informationssystem
RL	Räntelag
RO	Riksdagsordningen
RP	Lagen om införande av nya rättegångsbalken
RR	Regeringsrätten
RRS	Riksrevisionens styrelse
RRV	Riksrevisionsverket
RS	Riksdagsstyrelsen
Rskr	Riksdagsskrivelser (tidigare riksdagens skrivelse)
RTL	Räddningstjänstlagen
RÅ	Riksåklagaren
RättsprL	Lagen om rättsprövning av vissa förvaltningsbeslut
s	Regeringens skrivelse
SAIL	Lagen om statlig inkomstskatt på ackumulerad inkomst
SAL	Lagen om socialavgifter
SamboL	Lagen om sambors gemensamma hem
SamägarL	Lagen om samäganderätt
SBF	Skattebetalningsförordning
SBL	Skattebetalningslagen
SekrF	Sekretessförordningen
SekrL	Sekretesslagen
SemL	Semesterlagen
ServL	Lagen om servitut
SF	Lagen om statlig förmögenhetsskatt
Sfi	Svenskt Fastighetsindex
SFS	Svensk författningssamling
SfU	Riksdagens socialförsäkringsutskott
SHBL	Lagen om särskilda regler för beskattning av inkomst från handelsbolag i vissa fall
SIL	Lagen om statlig inkomstskatt
SJAL	Sjöarbetstidslagen
SjöL	Sjölagen
SkBrL	Skattebrottslagen
SkkL	Skogskontolagen
SkL	Skadeståndslagen

SKP	Lagen om införande av skuldebrev
Skr	Regeringens skrivelse
SkU	Riksdagens skatteutskott
SKUL	Skuldsaneringslagen
SKULF	Skuldsaneringsförordningen
SO	Successionsordningen
SoF	Socialtjänstförordningen
SofL	Socialförsäkringslagen
SoL	Socialtjänstlagen
SOL	Socialtjänstlagen
SOU	Statens offentliga utredningar
SRL	Skatteregisterlagen
StsSkl	Strålskyddslagen
SvJT	Svensk juristtidning
TBL	Lagen om straff för vissa trafikbrott
TF	Tryckfrihetsförordningen
TKL	Terrängkörningslagen
TLU	Tredje lagutskottet
TR	tingsrätt
TraF	Trafikförordningen
TskL	Trafikskadelagen
TSM	Tillsynsmyndighet
UB	Utsökningsbalken
UBF	Uppbördsförordningen
UBL	Uppbördslagen
UbU	Riksdagens utbildningsutskott
UDH	Utrikesdepartementets handelsavdelning
UF	Utsökningsförordningen
UföU	Sammansatta utrikes- och försvarsutskottet
UI	Utskottsinitiativ
UPL	Lagen om beskattningen vid överlåtelser till underpris
URL	Upphovsrättslagen
USA	United States of America
USAL	Lagen om uppbörd av socialavgifter från arbetsgivare
UtlF	Utlänningsförordningen
UtlL	Utlänningslagen
UU	Riksdagens utrikesutskott
Va	vatten och avlopp
ValL	Vallagen
VGL	Väglagen
VI	Vårdintyg
VL	Vattenlagen
VMD	Varumärkesdirektivet

VMF	Varumärkesförordningen
VML	Varumärkeslagen
VP	Lagen om införande av vattenlag
vsp	vänsterspalt
VTK	Vägtrafikkungörelsen
VxL	Växellagen
YGL	Yttrandefrihetsgrundlagen
ÅRL	Årsredovisningslagen
ÄB	Ärvdabalken
ÄgofrL	Lagen om ägofred
ÄktB	Äktenskapsbalken
ÄktP	Lagen om införande av äktenskapsbalken
ÄL	Lagen om domstolsärenden
ÄLL	Lagen om äganderättsutredning och legalisering
ÄrendeL	Lagen om domstolsärenden

BIBLIOGRAPHY

Backe, Torild, et al. *Concise Swedish-English Glossary of Legal Terms*. Fred B. Rothman & Co., 1973.

Bergström, Sture, et al. *Juridikens termer*. Almqvist & Wiksell, 2015.

Bogdan, Michael (ed.). *Swedish Law in the New Millennium*. Norstedts Juridik, 2000.

Craig, Ronald L. *Stor norsk-engelsk juridisk ordbok*. Universitetsforlaget, 2016.

Garner, Bryan. *Black's Law Dictionary*. Thomson West, 2014.

Garner, Bryan. *Garner's Dictionary of Legal Usage*. Oxford University Press, 2011.

Lindell, Bengt. *Civil Procedure in Sweden*. Iustus Förlag, 2004.

Martinger, Sven. *Norstedts juridiska ordbok*. Norstedts, 2013.

Melin, Stefan. *Juridikens begrepp*. Iustus Förlag, 2012.

Ramberg, Christina. *Malmström civilrätt*. Liber Förlag, 2018.

ABOUT THE AUTHOR

Thomas L. West III (twest@intermarkls.com) received his B.A. degree in French and English from the University of Mississippi *summa cum laude* and his M.A. in German from Vanderbilt University, where he was a Harold Stirling Vanderbilt fellow. He earned his J.D. at the University of Virginia School of Law and was admitted to the State Bar of Georgia in 1990. After practicing law for five years, he started Intermark Language Services Corporation, a translation firm specializing in legal and financial translation. From 2001 to 2003, he served as President of the American Translators Association. Over the past 25 years, he has conducted seminars on legal translation throughout the United States, Europe, Latin America and South Africa. West is ATA certified for translation from French, Spanish, German and Dutch into English, also speaks Swedish, Afrikaans and Russian, and has studied Danish, Italian, Portuguese and Modern Greek. The second edition of his *Spanish-English Dictionary of Law and Business* was published to wide acclaim in June 2012. He is also the author of a *Trilingual Swiss Legal Dictionary* (2017).

www.ingramcontent.com/pod-product-compliance
Lightning Source LLC
Chambersburg PA
CBHW061308220326
41599CB00026B/4785